Богомолье

Иван Сергеевич Шмелев

Богомолье

Copyright © 2022 Indo-European Publishing

ISBN: 978-1-64439-783-1

Священной памяти короля Югославии Александра I благоговейно посвящает автор.

О вы, напоминающие о Господе, – не умолкайте!
Исайи, гл. 62, ст. 6

СОДЕРЖАНИЕ

БОГОМОЛЬЕ

БОГОМОЛЬЕ

Царский золотой

Петровки, самый разгар работ, – и отец целый день на стройках. Приказчик Василь Василия и не ночует дома, а все в артелях. Горкин свое уже отслужил – «на покое», – и его тревожат только в особых случаях, когда требуется свой глаз. Работы у нас большие, с какой-то «неустойкой»: не кончишь к сроку – можно и прогореть. Спрашиваю у Горкина: «Это что же такое – прогореть?» – А вот скинут последнюю рубаху – вот те и прогорел! Как прогорают-то… очень просто.

А с народом совсем беда: к покосу бегут домой, в деревню, и самые-то золотые руки. Отец страшно озабочен, спешит-спешит, летний его пиджак весь мокрый, пошли жары, Кавказка все ноги отмотала по постройкам, с утра до вечера не расседлана. Слышишь – отец кричит:

– Полуторное плати, только попридержи народ! Вот бедовый народишка… рядились, черти, – обещались не уходить к покосу, а у нас неустойки тысячные… Да не в деньгах дело, а себя уроним. Вбей ты им, дуракам, в башку… втрое ведь у меня получат, чем со своих покосов!

– Вбивал-с, всю глотку оборвал с ними… – разводит беспомощно руками Василь Василич, заметно похудевший, – ничего с ими не поделаешь, со спокон веку так. И сами понимают, а… гулянки им будто, травкой побаловаться. Как к покосу – уж тут никакими калачами не удержать, бегут. Воротятся – приналягут, а покуда сбродных попринаймем. Как можно-с, к сроку должны поспеть, будь-покойны-с, уж догляжу То же говорит и Горкин, – а он все знает: покос – дело душевное, нельзя иначе, со спокон веку так; на травке поотдохнут – нагонят.

Ранним утром, солнце чуть над сараями, а у крыльца уже

1

шарабан. Отец сбегает по лестнице, жуя на ходу калачик, прыгает на подножку, а тут и Горкин, чего-то ему надо.

– Что тебе еще?.. – спрашивает отец тревожно, раздраженно, – какой еще незалад?

– Да все, слава богу, ничего. А вот, хочу вот к Сергию Преподобному сходить помолиться, по обещанию… взад-назад.

Отец бьет вожжой Чалого и дергает на себя. Чалый взбрыкивает и крепко сечет по камню.

– Ты еще… с пустяками! Так вот тебе в самую горячку и приспичило? помрешь – до Успенья погодишь?..

Отец замахивается вожжой – вот-вот укатит.

– Это не пустяки, к Преподобному сходить помолиться… – говорит Горкин с укоризной, выпрастывая запутавшийся в вожже хвост Чалому. – Теплую бы пору захватить. А с Успенья ночи холодные пойдут, дожжи… уж нескладно итить-то будет. Сколько вот годов все сбираюсь…

– А я тебя держу? Поезжай по машине, в два дня управишься. Сам понимаешь, время горячее, самые дела, а… как я тут без тебя? Да еще, не дай Бог, Косой запьянствует?..

– Господь милостив, не запьянствует… он к зиме больше прошибается. А всех делов, Сергей Иваныч, не переделаешь. И годы мои такие, и…

– А, помирать собрался?

– Помирать не помирать, это уж Божья воля, а… как говорится, делов-то пуды, а она – туды!

– Как? кто?.. Куды – туды?.. – спрашивает с раздражением отец, замахиваясь вожжой.

– Известно – кто. Она ждать не станет – дела ли, не дела ли, – а все покончит.

Отец смотрит на Горкина, на распахнутые ворота, которые придерживает дворник, прикусывает усы.

– Чу-дак… – говорит он негромко, будто на Чалого, машет рукой чему-то и выезжает шагом на улицу.

Горкин идет расстроенный, кричит на меня в сердцах: «Тебе говорю, отстань ты от меня, ради Христа!» Но я не могу отстать. Он идет под навес, где работают столяры, отшвыривает

2

ногой стружки и чурбачки и опять кричит на меня: «Ну, чего ты пристал?..» Кричит и на столяров чего-то и уходит к себе в каморку. Я бегу в тупичок к забору, где у него окошко, сажусь снаружи на облицовку и спрашиваю все то же: возьмет ли меня с собой. Он разбирается в сундучке, под крышкой которого наклеена картинка – «Троице-Сергиева лавра», лопнувшая по щелкам и полинявшая. Разбирается и ворчит:

– Не-эт, меня не удержите... к Серги-Троице я уйду, к Преподобному... уйду. Все я да я... и без меня управитесь. И Ондрюшка меня заступит, и Степан справится... по филенкам-то приглядеть, велико дело! А по подрядам сновать – прошла моя пора. Косой не запьянствует, нечего бояться... коли дал мне слово-зарок – из уважения соблюдет. Как раз самая пора, теплынь, народу теперь по всем дорогам... Не-эт, меня не удержите.

– А меня-то... обещался ты, а?.. – спрашиваю я его и чувствую горько-горько, что меня-то уж ни за что не пустят. – А меня-то, пустят меня с тобой, а?..

Он даже и не глядит на меня, все разбирается.

– Пустят тебя, не пустят... – это не мое дело, а я все равно уйду. Не-эт, не удержите... всех, брат, делов не переделаешь, не-эт... им и конца не будет. Пять годов, как Мартына схоронили, все сбираюсь, сбираюсь... Царица Небесная как меня сохранила, – показывает Горкин на темную иконку, которую я знаю, – я к Иверской сорок раз сходить пообещался, и то не доходил, осьмнадцать ходов за мной. И Преподобному тогда пообещался. Меня тогда и Мартын просил-помирал, на Пасхе как раз пять годов вышло вот: «Помолись за меня, Миша... сходи к Преподобному». Сам так и не собрался, помер. А тоже обещался, за грех...

– А за какой грех, скажи... – упрашиваю я Горкина, но он не слушает.

Он вынимает из сундучка рубаху, полотенце, холщовые портянки, большой привязной мешок, заплечный.

– Это вот возьму и это возьму... две сменки, да... И еще рубаху, расхожую, и причащальную возьму, а ту на дорогу, про запас. А тут, значит, у меня сухарики.. – пошумливает он

3

мешочком, как сахарком, – с чайком попить – пососать, дорога-то дальная. Тут, стало быть, у меня чай-сахар... – сует он в мешок коробку из-под икры с выдавленной на крышке рыбкой, – а лимончик уж на ходу прихвачу, да... ножичек, поминанье... сует он книжечку с вытесненным на ней золотым крестиком, которую я тоже знаю, с раскрашенными картинками, как исходит душа из тела и как она ходит по мытарствам, а за ней светлый Ангел, а внизу, в красных языках пламени, зеленые нечистые духи с вилами, – а это вот, за кого просвирки вынуть, леестрик... все по череду надо. А это Сане Юрцову вареньица баночку снесу, в квасной послушание теперь несет, у Преподобного, в монахи готовится... от Москвы, скажу, поклончик-гостинчик. Бараночек возьму на дорожку...

У меня душа разрывается, а он говорит и говорит и все укладывает в мешок. Что бы ему сказать такое?..

– Горкин... а как тебя Царица Небесная сохранила, скажи?.. – спрашиваю я сквозь слезы, хотя все знаю.

Он поднимает голову и говорит нестрого:

– Хлюпаешь-то чего? Ну, сохранила... я тебе не раз сказывал. На вот, утрись полотенчиком... дешевые у тебя слезы. Ну, ломали мы дом на Пресне... ну, нашел я на чердаке старую иконку, ту вон... Ну, сошел я с чердака, стою на втором ярусу... – дай, думаю, пооботру-погляжу, какая Царица Небесная, лика-то не видать. Только покрестился, локотком потереть хотел... – ка-ак загремит все... ни-чего уж не помню, взвило меня в пыль!.. Очнулся в самом низу, в бревнах, в досках, все покорежено... а над самой над головой у меня – здоровенная балка застряла! В плюшку бы меня прямо!.. – вот какая. А робята наши, значит, кличут меня, слышу: «Панкратыч, жив ли?» А на руке у меня – Царица Небесная! Как держал, так и... чисто на крылах опустило. И не оцарапало нигде, ни царапинки, ни синячка... вот ты чего подумай! А это стену неладно покачнули – балки из гнезд-то и вышли, концы-то у них сгнили... как ухнут, так все и проломили, накаты все. Два яруса летел, с хламом... вот ты чего подумай!

Эту иконку – я знаю – Горкин хочет положить с собой в гроб, – душе чтобы во спасение. И все я знаю в его каморке: и

4

картинку Страшного суда на стенке, с геенной огненной, и «Хождения по мытарствам преподобной Феодоры», и найденный где-то на работах, на сгнившем гробе, медный, литой, очень старинный крест с «адамовой главой», страшной… и пасочницу Мартына-плотника, вырезанную одним топориком. Над деревянной кроватью, с подпалинами от свечки, как жгли клопов, стоят на полочке, к образам, совсем уже серые от пыли, просвирки из Иерусалима-града и с Афона, принесенные ему добрыми людьми, и пузыречки с напетым маслицем, с вылитыми на них угодничками. Недавно Горкин мне мазал зуб, и стало гораздо легче.

– А ты мне про Мартына все обещался… топорик-то у тебя висит вон! С ним какое чудо было, а? скажи-и, Горкин!..

Горкин уже не строгий. Он откладывает мешок, садится ко мне на подоконник и жестким пальцем смазывает мои слезинки.

– Ну, чего ты расстроился, а? что ухожу-то… На доброе дело ухожу, никак нельзя. Вырастешь – поймешь. Самое душевное это дело, на богомолье сходить. И за Мартына помолюсь, и за тебя, милок, просвирку выну, на свечку подам, хороший бы ты был, здоровье бы те Господь дал. Ну, куда тебе со мной тягаться, дорога дальняя, тебе не дойти… по машине вот можно, с папашенькой соберешься. Как так я тебе обещался… я тебе не обещался. Ну, пошутил, может…

– Обещался ты, обещался… тебя Бог накажет! вот посмотри, тебя Бог накажет!.. – кричу я ему и плачу и даже грожу пальцем.

Он смеется, прихватывает меня за плечи, хочет защекотать.

– Ну что ты какой настойный, самондравный! Ну, ладно, шуметь-то рано. Может, так Господь повернет, что и покатим с тобой по дорожке по столбовой… а что ты думаешь! Папашенька добрый, я его вот как знаю. Да ты погоди, послушай: расскажу тебе про нашего Мартына. Всего не расскажешь… а вот слушай. Чего сам он мне сказывал, а потом на моих глазах все было. И все сущая правда.

– Повел его отец в Москву на роботу… – поокивает Горкин мягко, как все наши плотники, володимирцы и костромичи, и

5

это мне очень нравится, ласково так выходит, – плотники они были, как и я вот, с нашей стороны. Всем нам одна дорожка, на Сергиев посад. К Преподобному зашли... чугунки тогда и помину не было. Ну, зашли, все честь честью... помолились-приложились, недельку Преподобному поработали топориком, на монастырь, да... пошли к Черниговской, неподалечку, старец там проживал – спасался. Нонче отец Варнава там народ утешает – басловляет, а то до него был, тоже хороший такой, прозорливец. Вот тот старец благословил их на хорошую роботку и говорит пареньку, Мартыну-то: «Будет тебе талан от Бога, только не проступись!» Значит – правильно живи смотри. И еще ему так сказал: «Ко мне-то побывай когда».

Роботали они хорошо, удачливо, талан у Мартына великой стал, такой глаз верный, рука надежная... лучшего плотника и не видал я. И по столярному хорошо умел. Ну, понятно, и по филенкам чистяга был, лучше меня, пожалуй. Да уж я те говорю – лучше меня, значит – лучше, ты не перебивай. Ну, отец у него помер давно, он один и стал в людях; сирота. К нам-то, к дедушке твоему покойному, Ивану Иванычу, царство небесное, он много после пристал – порядился, а все по разным ходил – не уживался. Ну, вот слушай. Талан ему был от Бога... а он, темный-то... – понимаешь, кто? – свое ему, значит, приложил: выучился Мартын пьянствовать. Ну, его со всех местов и гоняли. Ну, пришел к нам работать, я его маленько поудержал, поразговорил душевно, – ровесники мы с ним были. Разговорились мы с ним, про старца он мне и помянул. Велел я ему к старцу тому побывать. А он и думать забыл, сколько годов прошло. Ну, побывал он, ан – старец-то тот и помер уж, годов десять уж. Он и расстроился, Мартын-то, что не побывал-то, наказу его-то не послушал... совестью и расстроился. И с того дела к другому старцу и не пошел, а прямо тебе сказать, в кабак пошел! И пришел он к нам назад в одной рваной рубашке, стыд глядеть... босой, топорик только при нем. Он без того топорика не мог быть. Топорик тот от старца благословен... вон он самый, висит-то у меня, память это от него мне, отказан. Уж как он его не пропил, как его не отняли у него – не скажу. При дедушке твоем было. Хотел Иван

Иваныч его не принимать, а прабабушка твоя Устинья вышла с лестовкой… молилась она все, правильная была по вере… и говорит: «Возьми, Ваня, грешника, приюти… его Господь к нам послал».

Ну, взял. А она Мартына лестовкой поучила для виду, будто за наказание. Он три года и в рот не брал. Что получит – к ней принесет, за образа клала. Много накопил. Подошло ему опять пить, она ему денег не дает. Как разживется – все и пропьет. Стало его бесовать, мы его запирали. А то убить мог. Топор держит, не подступись. Боялся – топор у него покрадут, талан его пропадет. Раз в три года у него болезнь такая нападала. Запрем его – он зубами скрипит, будто щепу дерет, страшно глядеть. Силищи был невиданной… балки один носил, росту – саженный был. Боимся – ну, с топором убежит! А бабушка Устинья войдет к нему, погрозится лестовкой, скажет: «Мартынушка, отдай топорик, я его схороню!» – он ей покорно в руки, вот как.

Накопил денег, дом хороший в деревне себе построил, сестра у него жила с племянниками. А сам вдовый был, бездетный. Ну, жил и жил, с перемогами. Тройное получал! А теперь слушай про его будто грех…

Годов шесть тому было. Роботали мы по храму Христа Спасителя, от больших подрядчиков. Каменный он весь, а и нашей роботки там много было… помосты там, леса ставили, переводы-подводы, то-се… обшивочки, и под кумполом много было всякого подмостья. Приехал государь поглядеть, спорные были переделки. В семьдесят в третьем, что ли, годе, в августе месяце, тепло еще было. Ну, все подрядчики, по такому случаю, артели выставили, показаться государю, царю-освободителю, Лександре Николаичу нашему. Приодели робят в чистое во все. И мы с другими, большая наша была артель, видный такой народ… худого не скажу, всегда хорошие у нас харчи были, каши не поедали – отваливались. Вот государь посмотрел всю отделку, доволен остался. Выходит с провожатыми, со всеми генералами и князьями. И наш, стало быть, Владимир Ондреич, князь Долгоруков, с ними, генерал-губернатор. Очень его государь жаловал. И наш еще Лександра

7

Лександрыч Козлов, самый обер-польцимейстер, бравый такой, дли-инные усы, хвостами, хороший человек, зря никого не обижал. Ну, которые начальство при постройке – показывают робят, робочий народ. Государь поздоровался, покивал, да... сияние от него такое, всякие медали... «Спасибо, – говорит, молодцы».

Ну, «ура» покричали, хорошо. К нам подходит. А Мартын первый с краю стоял, высокий, в розовой рубахе новой, борода седая, по сех пор, хороший такой ликом, благочестивый. Государь и приостановился, пондравился ему, стало быть, наш Мартын. Хорош, говорит, старик... самый русской! А Козлов-то князю Долгорукову и доложи: «Может государю его величеству глаз свой доказать, чего ни у кого нет». А он, стало быть, про Мартына знал. Роботали мы в доме генерала-губернатора, на Тверской, против каланчи, и Мартын князю-то секрет свой и доказал. А по тому секрету звали Мартына так: «Мартын, покажи аршин!» А вот слушай. Вот князь и скажи государю, что так, мол, и так, может удивить. Папашенька перепугался за Мартына, и все-то мы забоялись – а ну проштрафится! А уж слух про него государю донесен, не шутки шутить. Вызывают, стало быть, Мартына. Государь ему и говорит, ничего, ласково: «Покажи нам свой секрет». – «Могу, – говорит, ваше царское величество... – Мартын-то, – дозвольте мне реечку». И не боится. Ну, дали ему реечку. «Извольте проверить, – говорит, – никаких помет нету». Генералы проверили – нет помет. Ну, положил он реечку ту, гладенькую, в полвершочка шириной, на доски, топорик свой взял. Все его обступили, и государь над ним встал... Мартын и говорит: «Только бы мне никто не помещал, под руку не смотрел... рука бы не заробела».

Велел государь маленько пораздаться, не наседать. Перекрестился Мартын, на руки поплевал, на реечку пригляделся, не дотрогнулся, ни-ни... а только так вот над ней пядью помотал-помотал, привесился... – р-раз топориком! – мету и положил, отсек. «Извольте, – говорит, – смерить, ваше величество».

Смерили аршинчиком клейменым – как влитой! Государь даже плечиками вскинул. Погодите, – говорит Мартын-то наш.

8

Провел опять пядью над обрезком, – раз, раз, раз! – четыре четверти проложил-пометил. Смерили – ни на волосок прошибки! И вершочки, говорит, могу. И проложил. Могу, говорит, и до восьмушек. Государь взял аршинчик его, подержал время... «Отнесите, говорит, – ко мне в покои сию диковинку и запишите в царскую мою книгу беспременно!» Похвалил Мартына и дал ему из кармана в брюках собственный золотой! Мартын тут его и поцеловал, золотой тот. Ну, тут ему наклали князья и генералы, кто целковый, кто трешну, кто четвертак... – попировали мы. А Мартын золотой тот царский под икону положил, навеки.

Ну, хорошо. Год не пил. И опять на него нашло. Ну, мы от него все поотобрали, а его заперли. Ночью он таки сбег. С месяц пропадал – пришел. Полез я под его образа глядеть, – золотого-то царского и нет, про-пил! Стали мы его корить: «Царскую милость пропил!» Он божится: не может того быть! Не помнит: пьяный, понятно, был. Пропил и пропил. С того сроку он и пить кончил. Станем его дражнить: «Царский золотой пропил, доказал свой аршин!» Он прямо побелеет, как не в себе. «Креста не могу пропить, так и против царского дару не проступлюсь!» По-мнил, чего ему старец наказывал – не проступись! А вышло-то – простудился будто. Ему не верят, а он на своем стоит. Грех какой! Ладно. Долго все тебе сказывать, другой раз много расскажу. И вот простудился он на ердани, закупался с немцем с одним, – я потом тебе расскажу.[10] Три месяца болел. На Великую Субботу мне и шепчет: «Помру, Миша... старец-то тот уж позвал меня... – что ж, говорит, Мартынушка, не побываешь?» Во сне ему, стало быть, привиделся. «Дай-ка ты мне царский золотой... – говорит, – он у меня схоронен... а где – не могу сказать, затмение во мне, а он цел. Поищи ты, ради Христа, хочу поглядеть, порадоваться – вспомянуть» И слова уж путает, затмение на нем. «Я, говорит, – от себя в душу схоронил тогда... не может того быть, цел невредимо».

Это к тому он – не пропил, стало быть. Сказал я папашеньке, а он пошел к себе и выносит мне золотой. Велел Мартыну дать, будто нашли его, не тревожился чтобы уж для

9

смерти. Дал я ему и говорю: «Верно сказывал, сыскался твой золотой».

Так он как же возрадовался – заплакал! Поцеловал золотой и в руке зажал. Соборовали его, а он и не разжимает руку-то, кулаком, вот так вот, с ним и крестился, с золотым-то, рукой его уж я сам водил. На третий день Пасхи помер хорошо, честь честью. Вспомнили про золотой, стали отымать, а не разожмешь, ни-как! Уж долотом развернули, пальцы-то. А он прямо скипелся, влип в самую долонь, в середку, как в воск, закраишков уж не видно. Выковырили мы, подня-ли… а в руке-то у него, на самой на долони, о-рел! Так и врезан, синий, отчетливый… царская самая печать. Так и не растаял, не разошелся, будто печать приложена, природная. Так мы его и похоронили, орленого. А золотой тот папашенька на сорокоуст подать приказал, на помин души. Хорошо… Что ж ты думаешь!.. Через год случилось: стали мы полы в спальнях перестилать – и что ж ты думаешь!.. Под его изголовьем, где у него образок стоял… доски-то как подня-ли… на накате на черном… тот самый золотой лежит-светит!.. а?! Самый тот, царский, новешенькой-разновешенькой! Все сразу и признали. То ли он его обронил, как с-под иконы-то тащил пропивать, себя не помнил… то ли и вправду от себя спрятал, в щель на накат спустил… – «в душу-то от себя схоронил», сказывал мне тогда, помирал… Тут уж он перед всеми и оправдался: не проступился, вот! И все так мы обрадовались, панихиду с певчими по нем служили… хорошо было, весело так, «Христос воскресе» пели, как раз на Фоминой вышло-то. Подали тот золотой папашеньке… подержал-подержал… «Отдать, – говорит, – его на церкву, на сорокоуст! пускай, – говорит, – по народу ходит, а не лежит занапрасно… это, – говорит, – золотой счастливый, непропащий!» Так мне его желалось обменить, для памяти! Да подумал – пущай его по народу ходит, верно… зарочный он, не простой. И отдали. Так вот теперь и ходит по народу, нечуемо. Ну, как же его узнаешь… нельзя узнать. Вот те и рассказал. Вот, значит, и пойду к Преподобному, зарок исполню, Мартына помяну… Ну, вот… и опять захлюпал! А ты постой, чего я тебе скажу-то…

Я неутешно плачу. Жалко мне и Мартына, что он помер... так жалко! И что того золотого не узнаю, и что Горкин один уходит...

Приезжает отец – что-то сегодня рано, – кричит весело на дворе: «Горкин-старина!» Горкин бежит проворно, и они долго прохаживаются по двору. Отец веселый, похлопывает Горкина по спине, свистит и щелкает. Что-нибудь радостное случилось? И Горкин повеселел, что-то все головой мотает, трясет бородкой, и лицо ясное, довольное. Отец кричит со двора на кухню:

– Все к ботвинье, да поживей! Там у меня в кулечке, разберите!..

И обед сегодня особенный. Только сели, отец закричал в окошко:

– Горка-старина, иди с нами ботвинью есть! Ну-ну, мало что ты обедал, а ботвинья с белорыбицей не каждый день... не церемонься!

Да, обед сегодня особенный: сидит и Горкин, пиджачок надел свежий и голову намаслил. И для него удивительно, почему это его позвали: так бывает только в большие праздники. Он спрашивает отца, конфузливо потягивая бородку:

– Это на знак чего же... парад-то мне?

– А вот понравился ты мне! – весело говорит отец.

– Я уж давно прндравился... – смеется Горкин, – а хозяин велит – отказываться грех.

– Ну, вот и ешь белорыбицу.

Отец необыкновенно весел. Может быть, потому, что сегодня, впервые за столько лет, распустился белый, душистый такой, цветочек на апельсинном деревце, его любимом?

Я так обрадовался, когда перед обедом отец кликнул меня из залы, схватил под мышки, поднес к цветочку и говорит: «Ну нюхай, ню-ня!» И стол веселый. Отец сам всегда делает ботвинью. Вокруг фаянсовой, белой, с голубыми закраинками, миски стоят тарелочки, и на них все веселое: зеленая горка мелко нарезанного луку, темно-зеленая горка душистого укропу, золотенькая горка толченой апельсинной цедры, белая горка струганого хрена, буро-зеленая – с ботвиньей, стопочка тоненьких кружочков, с зернышками, – свежие огурцы, мисочка льду хрустального, глыба белуги, в крупках, выпирающая горбом в разводах, лоскуты нежной белорыбицы, сочной и розовато-бледной, пленочки золотистого балычка с красинкой. Все это пахнет по-своему, вязко, свежо и остро, наполняет всю комнату и сливается в то чудесное, которое именуется – ботвинья. Отец, засучив крепкие манжеты в крупных золотых запонках, весело все размешивает в миске, бухает из графина квас, шипит пузырьками пена. Жара: ботвинья теперь – как раз.

Все едят весело, похрустывают огурчиками, хрящами – хру-хру. Обсасывая с усов ботвинью, отец все чего-то улыбается... чему-то улыбается?

– Так... к Преподобному думаешь? – спрашивает он Горкина.

– Желается потрудиться... давно сбираюсь... – смиренно-ласково отвечает Горкин, – как скажете... ежели дела дозволят.

– Да, как это ты давеча?.. – посмеивается отец, – «делов-то пуды, а она – туды»?! Это ты правильно, мудрователь. Ешь, брат, ботвинью, ешь – не тужи, крепки еще гужи! Так когда же думаешь к Троице, в четверг, что ли, а? В четверг выйдешь – в субботу ко всенощной поспеешь.

– Надо бы поспеть. С Москвой считать, семь десятков верст. К вечерням можно поспеть и не торопиться... – говорит Горкин, будто уже они решили.

У меня расплывается в глазах: ширится графин с квасом, ширятся-растекаются тарелки, и прозрачные, водянистые узоры текут на меня волнами. Отец подымает мне подбородок пальцем и говорит:

– Чего это ты нюнишь? С хрену, что ль? Корочку понюхай.

Мне делается еще больней. Чего они надо мной смеются! Горкин – и тот смеется. Гляжу на него сквозь слезы, а он подмаргивает, слышу – толкает меня в ногу.

– Может, и мы подъедем... – говорит отец, – давно я не был у Троицы.

– Вот, хорошее дело, помолитесь… – говорит Горкин радостно.

– Мы-то по машине, а его уж… – глядит на меня отец, прищурясь. – Бог с ним, бери с собой… пускай потрудится. С тобой отпустить можно.

Верить – не верить?..

– Уж будьте покойны, со мной не пропадет… радость-то ему какая! – радостно отвечает Горкин, и опять растекается у меня в глазах. Но это уже другие слезы.

– Ну, пусть так и будет. И Антипа с вами отпускаю… Кривую на подмогу, потащится. Устанет – поприсядет. Верно, брат… всех делов не переделаешь. И передохнуть надо…

Верить – не верить?.. Я знаю: отец любит обрадовать. Горкин моргает мне, будто хочет сказать, как давеча: «А что я те сказал! папашенька добрый, я его вот как знаю!..» Так вот о чем они говорили на дворе! И оттого стал веселый Горкин? И почему это так случилось?.. Я что-то понимаю, но не совсем. И почему все отец смеется, встряхивает хохлом и повторяет: «Всех делов, брат, не переделаешь… верно! делов-то пуды, а она – туды!..» Кто же это – она!.. Я что-то понимаю, но не совсем.

Сборы

И на дворе, и по всей даже улице известно, что мы идем к Сергию Преподобному, пешком. Все завидуют, говорят: «Эх, и я бы за вами увязался, да не на кого Москву оставить!» Все теперь здесь мне скучно, и так мне жалко, что не все идут с нами к Троице. Наши поедут по машине, но это совсем не то. Горкин так и сказал:

— Эка, какая хитрость, по машине... а ты потрудясь Угоднику, для души! И с машины – чего увидишь? А мы пойдем себе полегонечку, с лесочка на лесочек, по тропочкам, по лужкам, по деревенькам, – всего увидим. Захотел отдохнуть – присел. А кругом все народ крещеный, идет-идет. А теперь земляника самая, всякие цветы, птички тебе поют... – с машиной не поравнять никак.

Антипушка тоже собирается, ладит себе мешочек. Он сидит на овсе в конюшне, возится с сапогом. Показывает каблук, как хорошо набил.

— Я в сапогах пойду, как уж нога обыкла, – говорит он весело и все любуется сапогом, как починил-то знатно. – Другие там лапти обувают, а то чуни для мягкости... а это для ноги один вред, кто непривычен. Кто в чем ходит – в том и иди. Ну, который человек лапти носит, ну... ему не годится в сапогах, ногу себе набьет. А который в сапогах – иди в сапогах. И Панкратыч в сапогах идет, и я в сапогах пойду, и ты ступай в сапожках, в расхожих самых. А новенькие уж там обуешь, там щегольнешь. Какое тебе папашенька уважение-то сделал... Кривую отпускает с нами! Как-никак, а уж доберешься. Это Горкин все за тебя старался... – уж пустите с нами, уж доглядим, больно с нами идти охота. Вот и пустил. Больно парень-то ты артельный... А с машины чего увидишь!

— Это не хитро, по машине! – повторяю я с гордостью, и в ногах у меня звенит. – И Угоднику потрудиться, правда?

— Как можно! Он как трудился-то... тоже, говорят, плотничал, церквы строил. Понятно, ему приятно. Вот и пойдем.

14

Он укладывает в мешок «всю сбрую»: две рубахи – расхожую и парадную, новенькие портянки, то-се. Я его спрашиваю:

– А ты собираешься помирать? у тебя есть смертная рубаха?

– Это почему же мне помирать-то, чего вздумал! – говорит он, смеясь. Мне и всего-то на седьмой десяток восьмой год пошел. Это ты к чему же?

– А… у Горкина смертная рубаха есть, и ее прихватывает в дорогу. Мало ли… в животе Бог… Как это?..

– А-а… вот ты к чему, ловкий какой… – смеется Антипушка на меня. Да, в животе и смерти один Господь Бог волен, говорится. И у меня найдется, похорониться в чем, У меня тоже рубаха неплохая, у Троицы надену, для причащения-приобщения, приведет Господь. А когда помереть кому – это один Господь может знать. Ты вон намедни мне отчитал избасню-крылову… как дуб-то вон сломило в грозу, а соломинке ничего!..

– Не соломинка, а – «Трость» называется!

– Это все равно. Тростинка, соломинка… Так и с каждым человеком может быть. Ну, еще чего отчитай, избасню какую.

Я говорю ему быстро-быстро «Стрекоза и Муравей» – и прыгаю. Он вдруг и говорит:

– Очень-то не пляши, напляшешь еще чего… ну-ка отдумают?..

Это нарочно он – попугать. Очень-то радоваться нельзя, я знаю: плакать бы не пришлось! Но, будто, и он боится: как бы не передумали. Утром он сказал Горкину: «Выбраться бы уж скорей, задержки бы какой не вышло». А ноги так и зудят, не терпится. Не было бы дождя?.. Антипушка говорит, что дождю не должно бы быть, – мухи гуляют весело, в конюшню не набиваются, и сегодня утром большая была роса в саду. И куры не обираются, и Бушуй не ложится на спину и не трется к дождю от блох. И все говорят, что погода теперь установилась, самая-то пора идти.

Господи, и Кривая с нами! Я забираюсь в денник, к Кривой,

пролезаю под ее брюхом, а она только фыркает, привыкла. Спрашиваю ее в зрячий глаз, рада ли, что пойдет с нами к Преподобному. Она подымает ухо, шлепает мокрыми губами, на которых уже седые волосы, и тихо фырчит-фырчит, – рада, значит. Пахнет жеваным теплым овсецом, молочным, – так сладко пахнет! Она обнюхивает меня, прихватывает губами за волосы – играет так. В черно-зеркальном ее глазу я вижу маленького себя, решетчатое оконце стойла и голубка за мною. Я пою ей недавно выученный стишок: «Ну, тащися, сивка, пашней-десятиной… красавица зорька в небе загорелась…». Пою и похлопываю под губы – ну, тащися, сивка!.. А сам уже далеко отсюда. Идем по лужкам-полям, по тропочкам, по лесочкам… а много крещеного народу. «Красавица зорька в небе загорелась, из большого леса солнышко выходит…»

Ну, тащися, сивка!..

– Ну и затейник ты… – говорит Антипушка, – за-тей-ник!.. С тобой нам не скушно идти будет.

– Горкин говорит… – молитвы всякие петь будем! – говорю я. – Так заведено уж, молитвы петь… конпанией, правда? А Преподобный будет рад, что и Кривая с нами, а? Ему будет приятно, а?..

– Ничего. Он тоже, поди, с лошадками хозяйствовал. Он и медведю радовался, медведь к нему хаживал… Он ему хлебца корочку выносил. Придет, встанет к сторонке под елку… и дожидается – покорми-и-и! Покормит. Вот и ко мне крыса ходит, не боится. Я и Ваську обучил, не трогает. В овес его положу, а ей свистну. Она выйдет с-под полу, а он только ухи торчком, жесткий станет весь, подрагивает, а ничего. А крыса тоже, на лапки встает, нюхается. И пойдет овес собирать. Лаской и зверя возьмешь, доверится.

Зовет Горкин:

– Скорей, папашенька под сараем, повозку выбираем!

Мелькает белый пиджак отца. Под навесом, где сложены сани и стоят всякие телеги, отец выбирает с Горкиным, что нам дать. Он советует легкий тарантасик, но Горкин настаивает, что в тележке куда спокойней, можно и полежать, и беседочку заплести от солнышка, натыкать березок-елок, – и указывает легонькую совсем тележку – «как перышко!».

– Вот чего нам подходит. Сенца настелим, дерюжкой какой накроем – прямо тебе хоромы. И Кривой полегче, горошком за ней покатится.

Эту тележку я знаю хорошо. Она меньше других и вся в узорах. И грядки у ней, и подуги, и передок, и задок – все разделано тонкою резьбою: солнышками, колесиками, елочками, звездочками и разной затейной штучкой. Она ездила еще с дедушкой куда-то за Воронеж, где казаки, – красный товар возила. Отец говорит – стара. Да что-то ему и жалко. Горкин держится за тележку, говорит, что ей ничего не сделается: выстоялась и вся в исправности, только вот замочит колеса. На ней и годов не видно, и лучше новой.

– А не рассыплется? – спрашивает отец и встряхивает, берет под задок тележку. – Звонко поедете.

– Верно, что зазвониста, суховата. А легкая-то зато кака, горошком так и покатится.

И Антипушка тоже хвалит: береза, обстоялась, ее хошь с горы кидай. И Кривой будет в удовольствие, а тарантас заморит.

– Ну, не знаю… – с сомнением говорит отец, – давно не ездила. А «лисица» как, не шатается?

Говорят, что и «лисица» крепкая, не шелохнется в гнездах, как впаяна. Очень чудно – лисица. Я хочу посмотреть «лисицу», и мне показывают круглую, как оглобля, жердь, крепящую передок с задком. Но почему – лисица? Говорят – кривая, лесовая, хитрущая самая веща в телеге, часто обманывает, ломается.

Отец согласен, но велит кликнуть Бровкина, осмотреть.

Приходит колесник Бровкин, с нашего же двора. Он всегда хмурый, будто со сна, с мохнатыми бровями. Отец зовет его – «недовольный человек».

– Ну-ка, недовольный человек, огляди-ка тележку, хочу к Троице с ними отпустить.

Колесник не говорит, обхаживает тележку, гукает. Мне кажется, что он недоволен ею. Он долго ходит, а мы стоим.

17

Начинает шатать за грядки, за колеса, подымает задок, как перышко, и бросает сердито, с маху. И опять чем-то недоволен. Потом вдруг бьет кулаком в лубок, до пыли. Молча срывает с передка, сердито хрипит: «Пускай!» – и опрокидывает на кузов. Бьет обухом в задок, садится на корточки и слушает: как удар? Сплевывает и морщится. Слышу, как будто – ммдамм!.. – и задок уже без колес. Колесник оглаживает оси, стучит в обрезы, смотрит на них в кулак и вдруг – ударяет по «лисице». У меня сердце екает – вот сломает! Прыгает на «лисицу» и мнет ее. Но «лисица» не подает и скрипу. И все-таки я боюсь, как бы не расхулил тележку. И все боятся, стоят – молчат. Опять ставит на передок, оглаживает грядки и гукает. Потом вынимает трубочку, наминает в нее махорки, даже и не глядит, а все на тележку смотрит. Раскуривает долго, и кажется мне, что он и через спичку смотрит. Крепко затягивается, пускает зеленый дым, делает руки самоваром и грустно качает головой.

Отец спрашивает, прищурясь:

– Ну, как, недовольный человек, а? Плоха, что ли?

Спрашивает и Горкин, и голос его сомнительный.

– А, как по-твоему? Ничего тележонка... а?

Колесник шлепает вдруг по грядке, словно он рассердился на тележку, и взмахивает на нас рукою с трубкой:

– И где ее де-лали такую?! Хошь в Киев – за Киев поезжайте – сносу ей довеку не будет, – вот вам и весь мой сказ! Слажена-то ведь ка-ак, а!.. Что значит на совесть-то делана... а? Бы-ли мастера... Да разве это те-леж-ка, а?.. – смотрит он на меня чего-то, – не тележка это, а... детская игрушка! И весь разговор.

Так все и просияли. Наказал – шкворень разве переменить? Да нет, не стоит, живет и так. Даже залез в оглобли и выкатил на себе тележку. Ну прямо перышко!

– На такой ездить жалко, – говорит он, не хмурясь. – Ты гляди, мудровал-то как! За одной резьбой, может, недели три проваландался... А чистота-то, а ровнота-то какая, а! Знаю, тверской работы... пряники там пекут рисованы. А дуга где?

Находят дугу, за санками. Все глядят на дугу: до того вся рисована! Колесник вертит ее и так, и эдак, оглаживает и

18

колупает ногтем, проводит по ней костяшками, и кажется мне, что дуга звенит – рубчиками звенит.

– Кружева! Только молодым кататься, пощеголять. Картина писаная!..

К нам напрашиваются в компанию – веселей идти будет, но Горкин всем говорит, что идти не заказано никому, а веселиться тут нечего, не на ярмарку собрались. Чтобы не обидеть, говорит:

– Вам с нами не рука, пойдем тихо, с пареньком, и четыре дня, может, протянемся, лучше уж вам не связываться.

Пойдет с нами Федя, с нашего двора, бараночник. Он из себя красавец, богатырь парень, кудрявый и румяный. А главное – богомольный и согласный, складно поет на клиросе, и характер у него – лен. С ним и в дороге поспокойней. Дорога дальняя, все лесами. Идти не страшно, народу много идет, а бывает – припоздаешь, задержишься... а за Рохмановом овраги пойдут, мосточки, перегоны глухие, – с возов сколько раз срезали. А под Троицей Убитиков овраг есть, там недавно купца зарезали. Преподобный поохранит, понятно... да береженого и Бог бережет.

Еще с нами идет Домна Панферовна, из бань. Очень она большая, «сырая» – так называет Горкин, – с ней и проканителишься, да женщина богомольная и обстоятельная. С ней и поговорить приятно, везде ходила. Глаза у ней строгие, губа отвисла, и на шее мешок от жира. Но она очень добрая. Когда меня водили в женские бани, она стригла мне ноготки и угощала моченым яблочком. Я знаю, что такого имени нет – Домна Панферовна, а надо говорить – Домна Парфеновна, но я не мог никак выговорить, и всем до того понравилось, что так и стали все называть – Панферовна. А отец даже напевал – Пан-фе-ровна! Очень уж была толстая, совсем – Пан-фе-ровна. Она и пойдет с нами, и за мною поприглядит, все-таки женский глаз. Она и костоправка, может и живот поправить, за ноги как-то встряхивает. А у Горкина в ноге какая-то жила отымается, заходит, – она и выправит.

С ней пойдет ее внучка – учится в белошвейках, – старше

меня, тихая девочка Анюта, совсем как куколка, – все только глазками хлопает и молчит, и щечки у ней румяно-белые. Домна Панферовна называет ее за эти щечки – «брусничника ты моя беленькая-свеженькая».

Напрашивался еще Воронин-булочник, но у него «слабость», запивает, а человек хороший, три булочных у него, обидеть человека жалко, а взять – намаешься. Подсылали к нему Василь Василича – к Николе-на-Угреши молиться звать, там работа у нас была, но Воронин и слушать не хотел. Хорошо – брат приехал и задержал, и поехали они на Воробьевку, к Крынкину, на Москву смотреть. Мы уж от Троицы вернулись, а они все смотрели Господь отнес.

К нам приходят давать на свечи и на масло Угоднику и просят вынуть просвирки, кому с Троицей на головке, кому – с Угодником. Все надо записать, сколько с кого получено и на что. У Горкина голова заходится, и я ему помогаю. Святые деньги, с записками, складываем в мешочек. Есть такие, что и по десяти просвирок заказывают, разных, – и за гривенник, и за четвертак даже. Нам одним – прикинул на счетах Горкин – больше ста просвирок придется вынуть – и родным, и знакомым, а то могут обидеться: скажут – у Троицы были, а «милости» и не принесли.

Антипушка уже мыл Кривую и смазал копытца дочерна – словно калошки новые. Приходил осмотреть кузнец, в порядке ли все подковы и как копыта. Тележка уже готова, колеса и оси смазаны, – и будто дорогой пахнет. Горкин велит привернуть к грядкам пробойчики, поаккуратней как, – ветки воткнем на случай, беседочку навесим, – от солнышка либо от дождичка укрыться. Положен мешок с овсом, мягко набито сеном, половичком накрыто – прямо тебе постеля! Сшили и мне мешочек, на полотенчике, как у всех. А посошок вырежем в дороге, ореховый: Сокольниками пойдем, орешнику там... – каждый себе и выберет.

Все осматривают тележку, совсем готовую, – поезжай. Господь даст, завтра пораньше выйдем, до солнышка бы Москвой пройти, по холодочку. Дал бы только Господь хорошую погоду завтра!

Мне велят спать ложиться, а солнышко еще и не садилось. А вдруг без меня уйдут? Говорят – спи, не разговаривай, уж пойдешь. Потому и Кривая едет. Я думаю, что верно. Говорят: Горкин давно уж спит и Домна Панферовна храпит, послушай.

Я иду проходной комнаткой к себе. Домна Панферовна спит, накрывшись, совсем – гора. Сегодня у нас ночует: как бы не запоздать да не задержать. Анюта сидит тихо на сундуке, говорит мне, что спать не может, все думает, как пойдем. Совсем, как и я, – не может. Мне хочется попугать ее, рассказать про разбойников под мостиком. Я говорю ей шепотом. Она страшно глядит круглыми глазами и жмется к стенке. Я говорю – ничего, с нами Федя идет большой, всех разбойников перебьет. Анюта крестится на меня и шепчет:

– Воля Божья. Если что кому на роду написано – так и будет. Если надо зарезать – и зарежут, и Федя не поможет. Спроси-ка бабушку, она все знает. У нас в деревне старика одного зарезали, отняли два рубли. Против судьбы не пойдешь. Спроси-ка бабушку… она все знает.

От ее шепота и мне делается страшно, а Домна Панферовна так храпит, будто ее уже зарезали. И начинает уже темнеть.

– Ты не бойся, – шепчет Анюта, озираясь, зачем-то сжимает щечки ладошками и хлопает все глазами, боится будто, – молись великомученице Варваре. Бабушка говорит, – тогда ничего не будет. Вот так: «Святая великомученица Варвара, избави меня от напрасныя смерти, от часа ночного обстоянного»… от чего-то еще?.. Ты спроси бабушку, она все…

– А Горкин, – говорю я, – больше твоей бабушки знает! Надо говорить по-другому… Надо – «всякаго обуревания и навета, и обстояния… избавь и спаси на пути-дороге, и над постое, и на… ходу!» Горкин все знает!

– А моя бабушка костоправка, и животы правит, и во всяких монастырях была… Горкин умный старик, это верно… и бабушка говорит… У бабушки ладанка из Иерусалима с косточкой… от мощей… всегда на себе носит!

Я хочу поспорить, но вспоминаю, что теперь грех, – душу

надо очистить, раз идем к Преподобному. Я иду в свою комнатку, вижу шарик от солитера, хрустальненький, с разноцветными ниточками внутри… и мне вдруг приходит в голову удивить Анюту. Я бегу к ней на цыпочках. Она все сидит, поджавши ноги, на сундуке. Я спрашиваю ее, почему не спит. Она берет меня за руку и шепчет: «Бою-усь… разбойников бою-усь…» Я показываю ей хрустальный шарик и говорю, что это волшебный и даже святой шарик… будешь держать в кармане – и ничего не будет! Она смотрит на меня, правду ли говорю, и глаза у ней будто просят. Я отдаю ей шарик и шепчу, что такого шарика ни у одного человека нет, только у меня и есть. Она прячет его в кармашек.

Я не могу заснуть. На дворе ходят и говорят. Слышен голос отца и Горкина. Отец говорит: «Сам завтра провожу, мне надо по делам рано!» Лежу и думаю, думаю, думаю… – о дороге, о лесах и оврагах, о мосточках… где-то далеко-далеко – Угодник, который теперь нас ждет. Все думаю, думаю – и вижу… – и во мне начинает петь, будто не я пою, а что-то во мне поет, в голове, такое светлое, розовое, как солнце, когда его нет на небе, но оно вот-вот выйдет. Я вижу леса-леса и большой свет над ними, и все поет, в моей голове поет…

Красавица зорька…
В небе за-го-ре…лась…
Из большого ле…са…
Солнышко-о… выходит…
Будто отец поет?..

Кричат петухи. Окна белеют в занавесках. Кричат на дворе. Горкин распоряжается:

– Пора закладать… Федя здесь?.. Час нам легкой, по холодку и тронемся, Господи, благослови…

Отец кричит – знаю я – из окна сеней:

– Пора и богомольца будить! Самовар готов?..

До того я счастлив, что слезы набегают в глазах. Заря, – и сейчас пойдем! И отдается во мне чудесное, такое радостное и светлое, с чем я заснул вчера, певшее и во сне со мною, светающее теперь за окнами, –

> Красавица зо-рька
> В небе за-го-ре…лась…
> Из большого ле…са
> Солнышко-о выходит…

Москвой

Из окна веет холодком зари. Утро такое тихое, что слышно, как бегают голубки по крыше и встряхивается со сна Бушуй. Я минутку лежу, тянусь; слушаю – петушки поют, голос Горкина со двора, будто он где-то в комнате:

– Тяжи-то бы подтянуть, Антипушка... да охапочку бы сенца еще!

– Маленько подтянуть можно. Погодку-то дал Господь...

– Хорошо, жарко будет. Кака роса-то, крыльцо все мокрое. Бараночек, Федя, прихватил?.. Это вот хорошо с чайком.

– Покушайте, Михал Панкратыч, только из печи выкинули.

Слышно, как ломают они бараночки и хрустят. И будто пахнет баранками. Все у крыльца, за домом. И Кривая с тележкой там, подковками чокает о камни. Я подбегаю к окошку крикнуть, что я сейчас. Веет радостным холодком, зарей. Вот какая она, заря-то! За Барминихиным садом небо огнистое, как в пожар.

Солнца еще не видно, но оно уже светит где-то. Крыши сараев в бледно-огнистых пятнах, как бывает зимой от печки. Розовый шест скворешника начинает краснеть и золотиться, и над ним уже загорелся прутик. А вот и сараи золотятся. На гребешке амбара сверкают крыльями голубки, вспыхивает стекло под ними: это глядится солнце. Воздух... пахнет как будто радостью.

Бежит с охапкой сенца Антипушка, захлопывает ногой конюшню. На нем черные, с дегтя, сапоги – а всегда были рыжие, – желтый большой картуз и обвислый пиджак из парусины, Василь Василича, «для жары»; из кармана болтается веревка.

– Дегтянку-то бы не забыть!.. – заботливо окликает Горкин, – поилка, торбочка... ничего словно не забыли. Чайку по чашечке – да и с Богом. За Крестовской, у Брехунова, как следует напьемся, не торопясь, в садочке.

И я готов. Картузик на мне соломенный, с лаковым козырьком; суровая рубашка, с петушками на рукавах и вороте;

24

расхожие сапожки, чтобы ноге полегче, новые там надену. Там… Вспомнишь – и дух захватит. И радостно, и… не знаю что. Там – все другое, не как в миру… – Горкин рассказывал, церкви всегда открыты, воздух – как облака, кадильный… и все поют: «И-зве-ди из темницы ду-шу моюууу!..» Прямо душа отходит.

Пьем чай в передней, отец и я. Четыре только прокуковало. Двери в столовую прикрыты, чтобы не разбудить. Отец тоже куда-то едет: на нем верховые сапоги и куртка. Он пьет из граненого стакана пунцовый чай, что-то считает в книжечке, целует меня рассеянно и строго машет, когда я хочу сказать, что наш самовар стал розовый. И передняя розовая стала, совсем другая!

– Поспеешь, ногами не сучи. Мажь вот икорку на калачик.

И все считает: «Семь тыщ дерев… да с новой рощи… ну, двадцать тыщ дерев…» Качается над его лбом хохол, будто считает тоже. Я глотаю горячий чай, а часы-то стучат-стучат. Почему розовый пар над самоваром, и скатерть, и обои?.. Темная горбатая икона Страстей Христовых стала как будто новой, видно на ней распятие. Вот отчего такое… За окном – можно достать рукой – розовая кирпичная стена, и на ней полоса от солнца: оттого-то и свет в передней. Никогда прежде не было. Я говорю отцу:

– Солнышко заглянуло к нам!

Он смотрит рассеянно в окошко, и вот – светлеет его лицо.

– А-а… да, да. Заглянуло в проулок к нам.

Смотрит – и думает о чем-то.

– Да… дней семь-восемь в году всего и заглянет сюда к нам в щель. Дедушка твой, бывало, все дожидался, как долгие дни придут… чай всегда пил тут с солнышком, как сейчас мы с тобой. И мне показывал. Маленький я был, забыл уж. А теперь я тебе. Так вот все и идет… – говорит он задумчиво. – Вот и помолись за дедушку.

Он оглядывает переднюю. Она уже тусклеет, только икона светится. Он смотрит над головой и напевает без слов любимое – «Кресту Твоему… поклоня-емся, Вла-ды-ыко-о»… Солнышко уползает со стены.

В этом скользящем свете, в напеве грустном, в ушедшем куда-то дедушке, который видел то же, что теперь вижу я, чуется смутной мыслью, что все уходит… уйдет и отец, как этот случайный свет. Я изгибаю голову, слежу за скользящим светом… вижу из щели небо, голубую его полоску между стеной и домом… и меня заливает радостью – Ну, заправился? – говорит отец. – Помни, слушаться Горкина. Мешочек у него с мелочью, будет тебе выдавать на нищих. А мы, Бог даст, догоним тебя у Троицы.

Он крестит меня, сажает к себе на шею и сбегает по лестнице.

На дворе весело от солнца, свежевато. Кривая блестит, словно ее наваксили; блестит и дуга, и сбруя, и тележка, новенькая совсем, игрушечка. Горкин – в парусиновой поддевке, в майском картузике на бочок, с мешком, румяный, бодрый, бородка – как серебро. Антипушка – у Кривой, с вожжами. Федя – по-городскому, в лаковых сапогах, словно идет к обедне; на боку у него мешок с подвязанным жестяным чайником. На крыльце сидит Домна Панферовна, в платочке, с отвислой шеей, такая красная, – видно, ей очень жарко. На ней серая тальма балахоном, с висюльками, и мягкие туфли-шлепанки; на коленях у ней тяжелый ковровый саквояж и белый пузатый зонт. Анюта смотрит из-под платочка куколкой. Я спрашиваю, взяла ли хрустальный шарик. Она смотрит на бабушку и молчит, а сама щупает в кармашке.

– Матерьял сдан, доставить полностью! – говорит отец, сажая меня на сено.

– Будьте покойны, не рассыпим, – отвечает Горкин, снимает картуз и крестится. – Ну, нам час добрый, а вам счастливо оставаться, по нам не скучать. Простите меня, грешного, в чем согрубил… Василь Василичу поклончик от меня скажите.

Он кланяется отцу, Марьюшке-кухарке, собравшимся на работу плотникам, скорнякам, ночевавшим в телеге на дворе, вылезающим из-под лоскутного одеяла, скребущим головы, и тихому в этот час двору. Говорят на разные голоса: «Час вам добрый», «Поклонитесь за нас Угоднику». Мне жаль чего-то. Отец щурится, говорит: «Я еще с вами штуку угоню!» –

«Прокурат известный», – смеется Горкин, прощается с отцом за руку. Они целуются. Я прыгаю с тележки.

– Пускай его покрасуется маленько, а там посадим, – говорит Горкин. Значит, так: ходу не припущай, по мне трафься. Пойдем полегоньку, как богомолы ходят, и не уморимся. А ты, Домна Панферовна, уж держи фасон-то.

– Сам-то не оконфузься, батюшка, а я котышком покачусь. Саквояжик вот положу, пожалуй.

Из сеней выбегает Трифоныч, босой, – чуть не проспал проститься, – и сует посылочку для Сани, внучка, послушником у Троицы. А сами с бабушкой по осени побывают, мол... торговлишку, мол, нельзя оставить, пора рабочая самая.

– Ну, Господи, благослови... пошли!

Тележка гремит-звенит, попрыгивает в ней сено. Все высыпают за ворота. У Ратникова, напротив, стоит на тротуаре под окнами широкая телега, и в нее по лотку спускают горячие ковриги хлеба; по всей улице хлебный дух. Горкин велит Феде прихватить в окошко фунтика три-четыре сладкого, за Крестовской с чайком заправимся. Идем не спеша, по холодочку. Улица светлая, пустая; метут мостовую дворники, золотится над ними пыль Едут решета на дрожинах: везут с Воробьевки на Болото первую ягоду – сладкую русскую клубнику: дух по всей улице. Горкин окликает: «Почем клубника?» Отвечают: «По деньгам! Приходи на Болото, скажем!» Горкин не обижается: «Известно уж, воробьевцы... народ зубастый» На рынке нас нагоняет Федя, кладет на сено угол теплого «сладкого», в бумажке. У басейны Кривая желает пить. На крылечке будки, такой же сизой, как и басейна, на середине рынка, босой старичок в розовой рубахе держит горящую лучину над самоварчиком. Неужели это Гаврилов, бутошник! Но Гаврилов всегда с медалями, в синих штанах с саблей, с черными, жесткими усами, строгий. А тут – старичок, как Горкин, в простой рубахе, с седенькими усами, и штаны на нем ситцевые, трясутся, ноги худые, в жилках, и ставит он самоварчик, как все простые. И зовут его не Гаврилов, а Максимыч.

Пока поит Антипушка, мы говорим с Максимычем, Он нас

хвалит, что идем к Троице-Сергию, – «дело хорошее», говорит, сует пылающую лучину в самоварчик и велит погодить маленько – гривенничек на свечки вынесет. Горкин машет: «Чего, со-чтемся!» – но Максимыч отмахивается: «Не-э, это уж статья особая», – и выносит два пятака. За один – Преподобному поставить, а другую… «выходит, что на канун… за упокой души воина Максима». Горкин спрашивает: «Так и не дознались?» Максимыч смотрит на самоварчик, чешет у глаза и говорит невесело:

– Обер проезжал намедни, подозвал пальцем… помнит меня. Говорит: «Не надейся, Гаврилов, к сожалению… все министры все бумаги перетряхнули – и следу нет!» Пропал под Плевной. В августу месяце два года будет. А ждали со старухой. Охотником пошел. А место какое выходило, Городской части… самые Ряды, Ильинка…

Горкин жалеет, говорит: «Живот положил… молиться надо».

– Не воротишь… – говорит в дым Максимыч, над самоварчиком. А я-то его боялся раньше.

Слышу, кричит отец, скачет на нас Кавказкой:

– Богомольцы, стой! Ах, Горка… как мне, брат, глаз твой ну-жен! рощи торгую у Васильчиковых, в Коралове… делянок двадцать. Как бы не обмишулиться!

– Вот те раз… – говорит Горкин растерянно, – давеча-то бы сказали!.. Как же теперь… дороги-то наши розные?..

– Ползите уж, обойдусь. Не хнычешь? – спрашивает меня и скачет к Крымку, налево.

– На вот, не сказал давеча! – всплескивает руками Горкин. – Под Звенигород поскакал. Ну, горяч!.. Пожалуй, и к Савве Преподобному доспеет.

Я спрашиваю, почему теперь у Гаврилова усы седые и он другой.

– Рано, не припарадился. А то опять бравый будет. Иначе ему нельзя.

Якиманка совсем пустая, светлая от домов и солнца. Тут самые раскупцы, с Ильинки. Дворники, раскорячив ноги, лежат на воротных лавочках, бляхи на них горят. Окна вверху открыты, за ними тихо.

– Домна Панферовна, жива?..

– Жи-ва… сам-то не захромай… – отзывается Домна Панферовна с одышкой.

Катится вперевалочку, ничего. Рядом, воробушком, Анюта с узелочком, откуда глядит калачик. Я – на сене, попрыгиваю, пою себе. Попадаются разнощики с Болота, несут зеленый лук молодой, красную, первую, смородинку, зеленый крыжовник аглицкий – на варенье. Едут порожние ломовые, жуют ситный, идут белые штукатуры и маляры с кистями, подходят к трактирам пышечники.

Часовня Николая Чудотворца, у Каменного моста, уже открылась, заходим приложиться, кладем копеечки. Горкин дает мне из моего мешочка. Там копейки и грошики. Так уж всегда на богомолье – милостыньку дают, кто просит. На мосту Кривая упирается, желает на Кремль глядеть: приучила так прабабушка Устинья. Москва-река – в розовом туманце, на ней рыболовы в лодочках, подымают и опускают удочки, будто водят усами раки. Налево – золотистый, легкий, утренний храм Спасителя, в ослепительно золотой главе: прямо в нее бьет солнце. Направо – высокий Кремль, розовый, белый с золотцем, молодо озаренный утром. Тележка катится звонко с моста, бежит на вожжах Антипушка. Домна Панферовна, под зонтом, словно летит по воздуху, обогнала и Федю. Кривая мчится, как на бегах, под горку, хвостом играет. Медленно тянем в горку. И вот – Боровицкие ворота.

Горкин ведет Кремлем.

Дубовые ворота в башне всегда открыты – и день, и ночь. Гулко гремит под сводами тележка, и вот он, священный Кремль, светлый и тихий-тихий, весь в воздухе. Никто-то не сторожит его. Смотрят орлы на башнях. Тихий дворец, весь розовый, с отблесками от стекол, с солнца. Справа – обрыв, в решетке, крестики древней церковки, куполки, зубчики стен кремлевских, Москва и даль.

Горкин велит остановиться.

Крестимся на Москву внизу. Там, за рекой, Замоскворечье,

откуда мы. Утреннее оно, в туманце. Свечи над ним мерцают – белые колоколенки с крестами. Слышится редкий благовест.

А вот – соборы.

Грузно стоят они древними белыми стенами, с узенькими оконцами, в куполах. Пухлые купола клубятся. За ними – синь. Будто не купола: стоят золотые облака – клубятся. Тлеют кресты на них темным и дымным золотом. У соборов не двери – дверки. Люди под ними – мошки. В кучках сидят они, там и там, по плитам Соборной площади. Что ты, моя тележка… и что я сам! Остро звенят стрижи, носятся в куполах, мелькая.

– Богомольцы-то, – указывает Горкин, – тут и спят, под соборами, со всей России. Чаек попивают, переобуваются… хорошо. Успенский, Благовещенский, Архангельский… Ах и хорошие же соборы наши… душевные!..

Постукивает тележка, как в пустоте, – отстукивает в стенах горошком.

– Во, Иван-то Великой… ка-кой!..

Такой великий… больно закинуть голову. Он молчит.

Мимо старинных пушек, мимо пестрой заградочки с солдатом, который обнял ружье и смотрит, катится звонкая тележка, книзу, под башенку.

– А это Никольские ворота, – указывает Горкин. – Крестись, Никола – дорожным помочь. Ворочь, Антипушка, к Царице Небесной… нипочем мимо не проходят.

Иверская открыта, мерцают свечи. На скользкой железной паперти, ясной от скольких ног, – тихие богомольцы, в кучках, с котомками, с громкими жестяными чайниками и мешками, с палочками и клюшками, с ломтями хлеба. Молятся, и жуют, и дремлют. На синем, со звездами золотыми, куполке – железный, с мечом, Архангел держит высокий крест.

В часовне еще просторно и холодок, пахнет горячим воском. Мы ставим свечки, падаем на колени перед Владычицей, целуем ризу. Темный знакомый лик скорбно над нами смотрит – всю душу видит. Горкин так и сказал: «Молись, а она уж всю душу видит». Он подводит меня к подсвечнику, широко разевает рот и что-то глотает с ложечки. Я вижу серебряный горшочек, в нем на цепочке ложечка. Не сладкая ли кутья, какую дают в Хотькове? Горкин рассказывал. Он поднимает меня под мышки, велит ширыне разинуть рот. Я хочу выплюнуть – и страшусь.

– Глотай, глотай, дурачок... святое маслице... – шепчет он.

Я глотаю. И все принимают маслице. Домна Панферовна принимает три ложечки, будто пьет чай с вареньем, обсасывает ложечку, облизывает губы и чмокает. И Анюта как бабушка.

– Еще бы принял, а? – говорит мне Домна Панферовна и берется за ложечку, – животик лучше не заболит, а? Моленое, чистое, афонское, а?..

Больше я не хочу. И Горкин остерегает:

– Много-то на дорогу не годится, Домна Панферовна... кабы чего не вышло.

Мы проходим Никольскую, в холодке. Лавки еще не отпирались, – сизые ставни да решетки. Из глухих, темноватых переулков тянет на нас прохладой, пахнет изюмом и мятным пряником: там лабазы со всякой всячиной.

В голубой башенке – Великомученик Пантелеймон. Заходим и принимаем маслице. Тянемся долго-долго – и все Москва. Анюта просится на возок, кривит ножки, но Домна Панферовна никак: «Взялась – и иди пешком!» Входим под Сухареву башню, где колдун Брюс сидит, замуравлен на веки вечные. Идем Мещанской – все-то сады, сады. Движутся богомольцы, тянутся и навстречу нам. Есть московские, как и мы; а больше дальние, с деревень: бурые армяки-сермяга, онучи, лапти, юбки из крашенины, в клетку, платки, поневы, – шорох и шлепы ног. Тумбочки – деревянные, травка у мостовой; лавчонки – с сушеной воблой, с чайниками, с лаптями, с квасом и зеленым луком, с копчеными селедками на двери, с жирною «астраханкой» в кадках. Федя полощется в рассоле, тянет важную, за пятак, и нюхает – не духовного звания? Горкин крякает: хоро-ша! Говеет, ему нельзя. Вон и желтые домики заставы, за ними – даль.

– Гляди, какие... рязанские! – показывает на богомолок Горкин. – А ушками-то позадь – смоленские. А то тамбовки, ноги кувалдами... Сдалече, мать?

– Дальние, отец... рязанские мы, стяпные... – поет

31

старушка. Московский сам-то? Внучек табе-то паренек? Картузик какой хороший… почем такой?

С ней идет красивая молодка, совсем как девочка, в узорочной сорочке, в красной повязке рожками, смотрит в землю. Бусы на ней янтарные, она их тянет.

— Твоя красавица-то? — спрашивает Горкин про девочку, но та не смотрит.

— Внучка мне… больная у нас она… — жалостно говорит старушка и оправляет бусинки на красавице. — Молчит и молчит, с год уж… первенького как заспала, мальчик был. Вот и идем к Угоднику. Повозочка-то у табе нарядная, больно хороша, увозлива… почем такая?

Тележка состукивает на боковину, катится хорошо, пылит. Домики погрязней, пониже, дальше от мостовой Стучат черные кузницы, пахнет угарным углем.

— Прощай, Москва! — крестится на заставе Горкин. — Вот мы и за Крестовской, самое богомолье начинается. Ворочь, Антипушка, под рябины, к Брехунову… закусим, чайку попьем. И садик у него приятный. Наш, ростовский… приговорки у него всякие в трактире, росписано хорошо…

Съезжаем под рябины. Я читаю на синей вывеске «Трактир „Отрада“ с Мытищинской водой Брехунова и Сад».

— Ему с ключей возят. Такая вода… упьешься! И человек раздушевный.

— А селедку-то я есть не стану, Михал Панкратыч, — говорит Федя, поговеть тоже хочу. Куда ее?..

— Хорошее дело, поговей. Пятак зря загубил… да ты богатый. Проходящему кому подай… куда!

— А верно!.. — говорит Федя радостно и сует старику с котомкой, плетущемуся в Москву.

Старичок крестится на Федю, на селедку и на всех нас.

— Во-от… спаси тя Христос, сынок… а-а-а… спаси тя… — тянет он едва слышно, такой он слабый, — а-а-а… се-ледка… спаси Христос… сынок…

— Как Господь-то устраивает! — кричит Горкин. — Будет теперь селедку твою помнить, до самой до смерти.

Федя краснеет даже, а старик все щупает селедку. Его обступают богомолки.

– С часок, пожалуй, пропьем. Кривую-то лучше отпрячь, Антипушка... во двор введем. Маленько постойте тут, скажу хозяину.

Богомольцы все движутся. Пахнет дорогой, пылью. Видны леса. Солнце уже печет, небо голубовато-дымно. Там, далеко за ним, – радостное, чего не знаю, – Преподобный. Церкви всегда открыты, и все поют. Господи, как чудесно!..

– Вводи, Антипушка! – кричит Горкин, уж со двора.

За ним – хозяин, в белой рубахе, с малиновым пояском под пузом, толстый, веселый, рыжий. Хвалит нашу тележку, меня, Кривую, снимает меня с тележки, несет через жижицу в канавке и жарко хрипит мне в ухо:

– Вот уважили Брехунова, заглянули! А я вам стишок спою, все мои гости знают...

Брехунов зовет в «Отраду»
Всех – хошь стар, хошь молодой.
Получайте все в награду
Чай с мытищинской водой!

Богомольный садик

Мы – на святой дороге, и теперь мы другие, богомольцы. И все кажется мне особенным. Небо – как на святых картинках, чудесного голубого цвета, такое радостное. Мягкая, пыльная дорога, с травкой по сторонам, не простая дорога, а святая: называется – Троицкая. И люди ласковые такие, все поминают Господа: «Довел бы Господь к Угоднику», «Пошли вам Господи!» – будто мы все родные. И даже трактир называется – «Отрада».

Распрягаем Кривую и ставим в тень. Огромный кудрявый Брехунов велит дворнику подбросить ей свежего сенца – только что подкосили на усадьбе, ведет нас куда-то по навозу и говорит так благочестиво:

– В богомольный садик пожалуйте… Москву повыполоскать перед святой дорожкой, как говорится.

Пахнет совсем по-деревенски – сеном, навозом, дегтем. Хрюкают в сараюшке свиньи, гогочут гуси, словно встречают нас. Брехунов отшвыривает ногой гусака, чтобы не заклевал меня, и ласково объясняет мне, что это гуси, самая глупая птица, а это вот петушок, а там бочки от сахара, а сахарок с чайком пьют, и удивляется: «Ишь ты какой, даже и гусей знает!» Показывает высокий сарай с полатями и смеется, что у него тут «лоскутная гостиница», для странного народа.

– Поутру выгоняю, а к ночи битком… за тройчатку, с кипятком! Из вашего леску! Так папашеньке и скажите: был мол, у Прокопа Брехунова, чай пил и гусей видал. А за лесок, мол, Брехунов к Покрову никак не может… а к Пасхе, может, Господь поможет.

Все смеются. Анюта испуганно шепчет мне: «Бабушка говорит, все трактирщики сущие разбойники… зарежут, кто ночует!» Но Брехунов на разбойника не похож. Он берет меня за голову, спрашивает: «А Москву видал?» – и вскидывает выше головы. Я знаю эту шутку, мне нравится, пальцы только у него жесткие. Он повертывает меня и говорит: «Мне бы такого паренька-то!» У него все девчонки, пять штук девчонок, на пучки можно продавать. Домна Панферовна не велит отчаиваться, может что-то поговорить супруге. Брехунов говорит – навряд, у старца Варнавы были, и он не обнадежил: «Зачем, говорит, тебе наследничка?» – Говорю – Господь дает, расширяюсь... а кому всю машину передам? А он, как в шутку: «Этого добра и без твоего много!» – трактирных, значит, делов.

– Не по душе ему, значит, – говорит Горкин, – а то бы помолился.

– А чайку-то попить народу надо? Говорю: «Басловите, батюшка, трактирчик на Разгуляе открываю». А он опять все сомнительно: «Разгуляться хочешь?» Открыл. А подручный меня на три тыщи и разгулял! В пустяке вот – и то провидел.

Горкин говорит, что для святого нет пустяков, они до всего снисходят.

Пьем чай в богомольном садике. Садик без травки, вытоптано, наставлены беседки из бузины, как кущи, и богомольцы пьют в них чаек. Все народ городской, небедный. И все спрашивают друг друга, ласково: «Не к Преподобному ли изволите?» – и сами радостно говорят, что и они тоже к Преподобному, если Господь сподобит. Будто тут все родные. Ходят разнощики со святым товаром – с крестиками, с образками, со святыми картинками и книжечками про «жития». Крестиков и образков Горкин покупать не велит: там купим, окропленных со святых мощей, лучше на монастырь пойдет. В монастыре, у Троице-Сергия, три дня кормят задаром всех бедных богомольцев, сколько ни приходи. Федя покупает за семитку книжечку в розовой бумажке – «Житие Преподобного Сергия», – будем расчитывать дорогой, чтобы все знать. Ходит монашка в подкованных башмаках, кланяется всем в пояс – просит на бедную обитель. Все кладут ей по силе-возможности на черную книжку с крестиком.

– И как все благочестиво да хорошо, смотреть приятно! – говорит Горкин радостно. – А по дороге и еще лучше будет. А уж в Лавре... и говорить нечего. Из Москвы – как из ада вырвались.

Бегают белые половые с чайниками, похожими на большие яйца: один с кипятком, другой, поменьше, с заварочкой.

Называется – парочка. Брехунов велит заварить для нас особенного, который ро-за-ном пахнет. Говорит нам:

– Кому – вот те на, а для вас – господина Бо-ткина! Кому пареного, а для вас – ба-ринова!

И приговаривает стишок:

> Русский любит чай вприкуску
> Да покруче кипяток!

– А ежели по-богомольному, то вот как: «Поет монашек, а в нем сто чашек?» – отгадай, ну-ка? Самоварчик! А ну, опять… «Носик черен, бел-пузат, хвост калачиком назад?» Не знаешь? А вон он, чайничек-то! Я всякие загадки умею. А то еще богомольное, монахи любят… «Господа помо-лим, чайком грешки промо-ем!» А то и «ки-шки промоем»… и так говорят.

– Это нам не подходит, Прокоп Антоныч, – говорит Горкин, – в Москве наслушались этого добра-то.

– Москва уж всему обучит. Гляди ты, прикусывает-то как чисто, а! – дивится на меня Брехунов, – и кипятку не боится!

Предлагает нам расстегайчика, кашки на сковородке со снеточком, а то московской соляночки со свежими подберезничками. Горкин отказывается. У Троицы, Бог даст, отговемшись, в «блинных», в овражке, всего отведаем – и грибочков, и карасиков, и кашничков заварных, и блинков, то-се… а теперь, во святой дороге, нельзя ублажать мамон. И то бараночками да мягоньким грешим вот, а дальше уж на сухариках поедем, разве что на ночевке щец постных похлебаем.

Брехунов хвалит, какие мы правильные, хорошо веру держим:

– Глядеть на вас утешительно, как благолепие соблюдаете. А мы тут, как черви какие, в пучине крутимся, праздники позабыли. На масленой вон странник проходил… может, слыхали… Симеонушка-странник?

– Как не слыхать, – говорит Горкин, – сосед наш был, на Ордынке кучером служил у краснорядца Пузакова, а потом, годов пять уж, в странчество пошел, по благодати. Так что он-то?..

– На все серчал. Жена его на улице ветрела, завела в трактир, погреться, ростепель была, а на нем валенки худые и промокши. Увидал стойку… масленица, понятно, выпимши народ, у стойки непорядок, понятно, шкаликами выстукивают во как… и разговор не духовный, понятно… Он первым делом палкой по шкаликам, начисто смел. Мы его успокоили, под образа посадили, чайку, блинков, то-се… Плакать принялся над блинками. Один блин и сжевал-то всего. Потом кэ-эк по чайнику кулаком!.. «А, кричит, – чаи да сахары, а сами катимся с горы!..» Погрозил посохом и пошел. Дошел до каменного столба к заставе да трои суток и высидел, бутошник уж его принял, а то стечение народу стало, проезду нет. «Мне, говорит, – у столба теплей, ничем на вашей печке!» Грешим, понятно, много. Такими-то еще и держимся.

Он уходит, говорит: «Делов этих у меня… уж извините».

К нам подходят бедные богомольцы, в бурых сермягах и лапотках, крестятся на нас и просят чайку на заварочку щепотку, мокренького хоть. Горкин дает щепотки и сахарку, но набирается целая куча их, и все просят. Мы отмахиваемся, – где же на всех хватит. Прибегает Брехунов и начинает кричать: как они пробрались? гнать их в шею! Половые гонят богомолок салфетками. Пролезли где-то через дыру в заборе и на огороде клубнику потоптали. Я вижу, как одному старику дал половой в загорбок. Горкин вздыхает: «Господи, греха-то что!» Брехунов кричит: «Их разбалуй, настоящему богомольцу и ходу не дадут!» Одна старушка легла на землю, и ее поволокли волоком, за сумку. Горкин разахался:

– Мы кусками швыряемся, а вон… А при конце света их-то Господь первых и призовет. Их там не поволокут… там кого другого поволокут.

И Антипушка говорит, что поволокут. Домна Панферовна стыдит полового, что мать ведь свою, дурак, волочит. А он свое: нам хозяин приказывает. И все в беседках начали говорить, что нельзя так со старым человеком, крепче забор тогда поставьте!

Брехунов оправдывается, что они скрозь землю пролезут… что вам-то хорошо, попили да пошли, а его прямо одолели!..

– «Лоскутную» им поставил, весь спитой чай раздаю, кипятком хоть залейся, и за все три монетки только! Они за день боле полтинника нахнычут, а есть такие, что от стойки не отгонишь, пятаками швыряются. Не все, понятно, и праведные бывают…

– Если бы я был царь, – говорит Федя, – я бы по всем богомольным дорогам трактиры велел построить и всем бы бесплатно все бы… бедные которые, и чай, и щец с ломтем хлеба… А то зимой сколько таких позамерзает!

Горкин хвалит его – не в папашу пошел: тот три дома на баранках нажил, а Федя в обитель собирается, а ему богатеющую невесту сватают. Федя краснеет и не смотрит, а Домна Панферовна говорит, что вон Алексей-то Божий человек царский сын был, а в конуру ушел от свадьбы… от царства отказался.

Антипушка крестится в бузину и говорит радостно так:

– До чего ж хорошо-то, Го-споди!.. Какие святые-то бывают, а уж нам хоть знать-то про них, и то радость великая.

Соседи по беседке рассказывают, что есть один такой в Таганке, сын богатого мучника… взял на Крещенье у дворника полушубок, шапку да валенки – и пропал! А вот на самый день матери Елены, царя Костинкина, 21 числа май-месяца, письмо пришло с Афонской горы: «Тут я нахожусь, на веки веков, аминь». Три тыщи мучник на монастырь будто выслал.

Все хвалят, и так всем радостно, что есть и теперь подвижники. И Брехунов говорит, что если уж по-настоящему сказать, то лучше богомольной жизни ничего нет. Он давно при этом деле находится и видит, сколько всякого богомольного народа, – душа прямо не нарадуется!

Мы пьем чай очень долго. Федя давно напился и читает нам «Житие», нараспев, как в церкви. Домна Панферовна сидит, развалив рот, еле передыхает, – по самое сердце допилась. Анюта все пристает к ней, просит: «Бабушка, пожалуйста, не помри – смотри… у тебя сердце выскочит, как намедни!» А с ней было плохо на масленице, когда она тоже допилась у нас и много блинков поела. Она все потирает сердце, говорит: чай это крепкий такой. Горкин говорит: пропотеешь – облегчит, а чай на редкость. Они с Антипушкой все стучат крышечкой по чайнику, еще кипяточка требуют. Пиджак и поддевочку они сняли, у Антипушки течет с лысины, рубаха на плечах взмокла. И Горкин все утирается полотенцем, – а пьют и пьют. Я все спрашиваю: да когда же пойдем-то? А Горкин только и говорит: дай напьемся. Они сидят друг против дружки, молча, держат на пальцах блюдечки, отдувают парок и схлебывают живой-то кипяток. Антипушка поглядит в бузину и повздыхает: «Их, хорошо-о!..» И Горкин – поглядит тоже в бузину и скажет: «На что лучше!» Брехунов зовет Домну Панферовну поговорить с супругой. А они все не опрокидывают чашек и не кладут сахарок на донышки. Горкин наконец говорит: «Шабаш!.. ай еще постучать, последний?» Антипушка хвалит воду, – до чего ж мягкая! Горкин опять стучит и велит Феде сводить меня показать трактир, как хорошо расписано.

Мы идем из садика черным ходом, а навстречу нам летит с лестницы половой-мальчишка с разбитым чайником и трет чего-то затылок. На ухе у него кровь. Брехунов стоит наверху с салфеткой и кричит страшным голосом: «Голову оторву!..» – и еще нехорошие слова. Он видит нас и кричит: «С ими нельзя без боя... все чайники перебили, подлецы!» И щелкает салфеткой.

– Видал фокус? – спрашивает он меня. – Как щелкну да перейму – кончиком мясо вырву! И меня так учили. По уху щелкнут – с кровью волосья вырвут! Не на чем показать-то...

Я боюсь. Федя говорит – Михаила Панкратыч велит показать трактир, как там расписано. Брехунов берет меня за руку и ведет в большую комнату, в синий дым. Тут очень шумно, за столиками разные пьют чай. Брехунов подносит меня к прилавку, за которым все чайники на полках, словно фарфоровые яйца, и говорит: «Вот какие мальчишки-то бывают!» Я вижу очень полную, с круглым, белым лицом, как огромный чайник, Светловелосую женщину. Она сидит за прилавком и пьет чай с постными пирогами. Тут и Домна

Панферовна, пьет чай с вареньем, и сидит много девочек на ящиках, побольше и поменьше, все белобрысые, с голубыми гребенками на головках, и у всех в кулаке по пирогу. Брехунов ставит меня на прилавок у пирогов и повторяет: «Вот какие бывают!» Мне стыдно, все на меня глядят, а на мне пыльные сапожки, а тут пироги и девочки. Женщина смотрит ласково и будто грустно, гладит мою руку и перебирает пальцы, спрашивает, сколько мне лет, знаю ли «Отче наш», сажает к себе на колени и дает ложечку варенья. Все девочки глядят на меня, как на какое чудо. Брехунов барабанит пальцами и тоже смотрит. Женщина спрашивает его, можно ли мне дать пирожка. Он говорит – обязательно можно! – и велит еще дать изюмцу и мятных пряников. Она насыпает мне полные карманы и все хочет поцеловать меня, но я не даюсь, мне стыдно.

Брехунов носит меня над головами, над столами, в парном, дымном воздухе, показывает мне канареечек и как хорошо расписано. Я вижу лебедей на воде, а на бережку господа пьют чай и стоят, как белые столбики, половые с салфетками. Потом нарисована дорога, и по ней, в елочках, идут богомольцы в лапотках, а на пеньках сидят добрые медведи и хорошо так смотрят. Я спрашиваю – это святые медведи, от Преподобного? Он говорит – обязательно святые, от Троицы, а грешника обязательно загрызут. Только Преподобного не трогали. И показывает мне самое главное – «мытищинскую воду». Это большая зеленая гора, в елках, и наверху тоже сидят медведи, а в горе ввернуты медные краны, какие бывают в банях, и из них хлещет синими дугами «мытищинская вода» в большие самовары, даже с пеной. Потом он показывает огромный медный куб с кипятком, откуда нацеживают в чайники. И говорит:

– И еще одну механику покажу, стойку! нашу.

Он отводит меня к грязному прилавку, где соленые огурцы и горячая белужина на доске, а на подносе много зеленых шкаликов. Перёд стойкой толпятся взъерошенные люди, грязные и босые, сердито плюются на пол и скребут ногой об ногу, Брехунов шепчет мне:

– А это пьяницы… их Бог наказал.

Пьяницы стучат пятаками и кричат нехорошие слова. Мне страшно, но тут я слышу ласковый голос Горкина:

– Пора и в дорогу, запрягаем.

Он видит, на что мы смотрим, и говорит строгим голосом:

– Так не годится, Прокоп Антоныч… чего хорошего ему тут глядеть!

Он сердито тянет меня и почти кричит: «Пойдем, нечего тут глядеть, как люди себя теряют… пойдем!»

Горкин расстроен чем-то. Он сердито увязывает мешок, кричит на Федю и на Домну Панферовну: «Пустить без себя нельзя… по-мошники… рублишко бы за брехню сорвать, на то вас станет!..» Домна Панферовна хватает саквояж, кричит Анюте: «Ну, чего рот раззявила, пойдем!» – кричит Горкину: «Развозился, без тебя и дороги не найдем, как же!..» – и бежит с зонтиком, в балахоне. За ней испуганная Анюта с узелочком. Горкин кричит вдогонку: «Ишь шпареная какая… возу легче!» Федя не шелохнется, Брехунов стоит-поглядывает. У Горкина лицо красное, дрожат руки. Он выбрасывает на столик три пятака, подвигает их к Брехунову, а тот отодвигает и все говорит: «Это почему ж такое?.. из уважения я, как вы мои гости… Да ты счумел?!» Горкин кричит, уже не в себе:

– Мы не гости… «го-сти»! Одно безобразие! нагрешили с короб… На богомолье идем, а нам пьяниц показывают! Не надо нам угощения!.. И я-то дурак, запился…

Брехунов говорит сквозь зубы: «Как угодно-с», – и стучит пятаками по столу. Лицо у него сердитое. Мы идем к забору, а он вдогонку:

– И вздорный же ты, старик, стал! И за что?! И шут с тобой, коли так!

Что-то звякает, и я вижу, как летят пятаки в забор. Горкин вдруг останавливается, смотрит, словно проснулся. И говорит тревожно:

– Как же это так… негоже так. Говею, а так… осерчал. Так отойтить нельзя… как же так?..

Он оглядывается растерянной дергает себя за бородку, жует губами.

41

– Прокоп Антоныч, – говорит он, – уж не обижайся, прости уж меня, по-хорошему. Виноват, сам не знаю, что вдруг?.. Говеть буду у Троицы… уж не попомни на мне, сгоряча я чтой-то, чаю много попил, с чаю… чай твой такой сердитый!..

Он собирает пятаки и быстро сует в карман. Брехунов говорит, что чай у него самолучший, для уважаемых, а человек человека обидеть всегда может.

– Бывает, закипело сердце. Чай-то хороший мой, а мы-то вот…

Они еще говорят, уже мирно, и прощаются за руку. Горкин все повторяет: «А и вправду, вздорный я стал, погорячился…» Брехунов сам отворяет нам ворота, говорит, нахмурясь: «Пошел бы и я с вами подышать святым воздухом, да вот… к навозу прирос, жить-то надо!» – и плюет в жижицу в канавке.

– Просвирку-то за нас вынешь? – кричит он вслед.

– Го-споди, да как же не вынуть-то! – кричит Горкин и снимает картуз. – И выну, и помолюсь… прости ты нас, Господи! – И крестится.

Долго идем слободкой, с садами и огородами. Попадаются прудики; трубы дымят по фабрикам. Скоро вольнее будет: пойдут поля, тропочки по лужкам, лесочки. Долго идем, молчим. Кривая шажком плетется. Горкин говорит:

– А ведь это все искушение нам было… все он ведь это! Господи, помилуй…

Он снимает картуз и крестится на белую церковь, вправо. И все мы крестимся. Я знаю, кто это – он.

Впереди, у дороги, сидит на травке Домна Панферовна с Анютой. Анюта тычется в узелок, – плачет? Горкин еще издали кричит им: «Ну, чего уж… пойдемте, с Господом! по-доброму, по-хорошему…» Они поднимаются и молча идут за нами. Всем нам как-то не по себе. Антипушка почмокивает Кривой, вздыхает. Вздыхает и Горкин, и Домна Панферовна. А кругом весело, ярко, зелено. Бредут богомольцы – и по большой дороге, и по тропкам. Горкин говорит – по времени-то девятого половина, нам бы за Ростокиным быть, к Мытищам подбираться, а мы святое на чай сменяли, – он виноват во всем.

Хорошо поют где-то, церковное. Это внизу, у речки, в

березках. Подходим ближе. Горкин говорит – хоть об заклад побиться, васильевские это певчие, с Полянки. Федя признает даже Ломшакова, октавный рык, а Горкин – и батыринские баса, и Костикова – тенора Славно поют в березках. Только тревожить не годится, а то смутишь. Стоим и слушаем, как из оврашка доносится:

...я-ко кади-ло пре-эд То-о-бо-о-о-ю-у-у.
Во-зде-я-а-а...ние... руку мое-э-э-ю-ууу!

Плывет – будто из-под земли на небо. Долго слушаем, и другие с нами. Говорят – небесное пение. Кончили. Горкин говорит тихо:

– Это они на богомолье, всякое лето тройкой ходят. Вишь, узелки-то на посошках... пиджаки-то посияли, жарко. Ну, там повидаемся. И до чего ж хорошо, душа отходит! Поправился наш Ломшачок в больнице, вот и на богомолье.

Анюта шепчет – закуски там у них на бумажках и бутылка. Горкин смеется: «Глаза-то у те вострые! Может, и закусят-выпьют малость, а как поют-то! Им за это Господь простит».

Идем. Горкин велит Феде – стишок подушевней какой начал бы. Федя несмело начинает: «Стопы моя...». Горкин поддерживает слабым, дрожащим голоском: «...на-прави... по словеси Твоему...» Поем все громче, поют и другие богомольцы. Домна Панферовна, Анюта, я и Антипушка подпеваем все радостней, все душевней:

И да не обладает мно-о-ю...
Вся-кое... безза-ко-ни-и-е...

Поем и поем, под шаг. И становится на душе легко, покойно. Кажется мне, что и Кривая слушает, и ей хорошо, как нам, – помахивает хвостом от мошек. Мягко потукивает на колеях тележка. Печет солнце, мне дремлется...

– Полезай в тележку-то, подреми... рано поднялся-то! – говорит мне Горкин. – И ты, Онюта, садись. До Мытищ-то и выспитесь.

43

Укачивает тележка – туп-туп… туп-туп… Я лежу на спине, на сене, гляжу в небо. Такое оно чистое, голубое, глубокое. Ярко, слепит лучезарным светом. Смотрю, смотрю… – лечу в голубую глубину. Кто-то тихо-тихо поет, баюкает. Анюта это?..

…у-гу-гу… гу-гу… гу-гу…
На зе-ле-ном… на лу-гу…

Или – стучит тележка… или – во сне мне снится?..

На святой дороге

С треском встряхивают меня, страшные голоса кричат: «Тпру!.. тпру!..» – и я, как впросонках, слышу:

– Понеслась-то как!.. Это она Яузу признала, пить желает.

– Да нешто Яуза это?

– Самая Яуза, только чистая тут она.

Какая Яуза? Я ничего не понимаю.

– Вставай, милой… ишь разоспался как! – узнаю я ласковый голос Горкина. – Щеки-те нажгло… Хуже так-то жарой сморит, в головку напекет. Вставай, к Мытищам уж подходим, донес Господь.

Во рту у меня все ссохлось, словно песок насыпан, и такая истома в теле – косточки все поют. Мытищи?.. И вспоминаю радостное: вода из горы бежит! Узнаю голосок Анюты:

– Какой же это, бабушка, богомольщик… в тележке все!

И теперь начинаю понимать: мы идем к Преподобному, и сейчас лето, солнышко, всякие цветы, травки… а я в тележке. Вижу кучу травы у глаза, слышу вялый и теплый запах, как на Троицын день в церкви, – и ласкающий холодок освежает мое лицо: сыплются на меня травинки, и через них все – зеленое. Так хорошо, что я притворяюсь спящим и вижу, жмурясь, как Горкин посыпает меня травой и смеется его бородка.

– Мы его, постой, кропивкой… Онюта, да-кося мне кропивку-то!..

Вижу обвисшие от жары орешины, воткнутые надо мной от солнца, и за ними – слепящий блеск. Солнце прямо над головой, палит. У самого моего лица – крупные белые ромашки в траве, синие колокольчики и – радость такая! – листики земляники с зародышками ягод. Я вскакиваю в тележке, хватаю траву и начинаю тереть лицо. И теперь вижу все.

Весело, зелено, чудесно! И луга, и поля, и лес. Он еще далеко отсюда, угрюмый, темный. Называют его – боры. В этих борах – Угодник, и там – медведи. Близко сереется деревня, словно дрожит на воздухе. Так бывает в жары, от пара. Сияет-дрожит над ней белая, как из снега, колокольня, с блистающим

45

золотым крестом. Это и есть Мытищи. Воздух – густой, горячий, совсем медовый, с согревшихся на лугах цветов. Слышно жужжанье пчелок.

Мы стоим на лужку, у речки. Вся она в колком блеске из серебра, и чудится мне: на струйках – играют-сверкают крестики. Я кричу:

– Крестики, крестики на воде!..

И все говорят на речку:

– А и вправду… с солнышка крестики играют словно!

Речка кажется мне святой. И кругом все – святое.

Богомольцы лежат у воды, крестятся, пьют из речки пригоршнями, мочат сухие корочки. Бедный народ все больше: в сермягах, в кафтанишках, есть даже в полушубках, с заплатками, – захватила жара в дороге, – в лаптях и в чунях, есть и совсем босые. Перематывают онучи, чистятся, спят в лопухах у моста, настегивают крапивой ноги, чтобы пошли ходчей. На мосту сидят с деревянными чашками убогие и причитают:

– Благоде-тели… ми-лостивцы, подайте святую милостинку… убогому-безногому… родителев-сродников… для-ради Угодника, во телоздравие, во душиспасение…

Анюта говорит, что видела страшенного убогого, который утюгами загребал-полз на коже, без ног вовсе, когда я спал. И поющих слепцов видали. Мне горько, что я не видел, но Горкин утешает – всего увидим у Троицы, со всей Росеи туда сползаются. Говорят – вон там какой болезный!

На низенькой тележке, на дощатых катках-колесках, лежит под дерюжиной паренек, ни рукой, ни ногой не может. Везут его старуха с девчонкой из-под Орла. Горкин кладет на дерюжину пятак и просит старуху показать – душу пожалобить. Старуха велит девчонке поднять дерюжку. Подымаются с гулом мухи и опять садятся сосать у глаз. От больного ужасный запах. Девчонка веткой сгоняет мух. Мне делается страшно, но Горкин велит смотреть.

– От горя не отворачивайся… грех это!

В ногах у меня звенит, так бы и убежал, а глядеть хочется. Лицо у парня костлявое, как у мертвеца, все черное, мутные глаза гноятся. Он все щурится и моргает, силится прогнать мух, но мухи не слетают. Стонет тихо и шепчет засохшими губами: «Дунька... помочи-и...» Девчонка вытирает ему рот мокрой тряпкой, на которой присохли мухи. Руки у него тонкие, лежат, как плети. В одной вложен деревянный крестик, из лучинок. Я смотрю на крестик, и хочется мне заплакать почему-то. На холщовой рубахе парня лежат копейки. Федя кладет ему гривенничек на грудь и крестится. Парень глядит на Федю жалобно так, как будто думает, какой Федя здоровый и красивый, а он вот и рукой не может. Федя глядит тоже жалобно, жалеет парня. Старуха рассказывает так жалобно, все трясет головой и тычет в глаза черным, костлявым кулачком, по которому сбегают слезы:

– Уж такая беда лихая с нами... Сено, кормилец, вез да заспал на возу-то... на колдобоине упал с воза, с того и попритчилось, кормилец... третий год вот все сохнет и сохнет. А хороший-то был какой, бе-э-лый да румяный... табе не хуже!

Мы смотрим на Федю и на парня. Два месяца везут, сам запросился к Угоднику, во сне видал. Можно бы по чугунке, телушку бы продали, Господь с ней, да потрудиться надо.

– И все-то во снах видит... – жалостно говорит старуха, – все говорит-говорит: «Все-то я на ногах бегаю да сено на воз кидаю!» Горкин в утешение говорит, что по вере и дается, а у Господа нет конца милосердию. Спрашивает, как имя: просвирку вынет за здравие.

– Михайлой звать-то, – радостно говорит старушка. – Мишенькой зовем.

– Выходит – тезка мне. Ну, Миша, молись – встанешь! – говорит Горкин как-то особенно, кричит словно, будто ему известно, что парень встанет.

Около нас толпятся богомольцы, шепотом говорят:

– Этот вот старичок сказал, уж ему известно... обязательно, говорит, встанет на ноги... уж ему известно!

Горкин отмахивается от них и строго говорит, что Богу только известно, а нам, грешным, веровать только надо и молиться. Но за ним ходят неотступно и слушают-ждут, не скажет ли им еще чего, – «такой-то ласковый старичок, все знает!».

Федя тащит ведерко с речки – поит Кривую. Она долго сосет – не оторвется, а в нее овода впиваются, прямо в глаз, – только помаргивает – сосет. Видно, как у ней раздуваются бока и на них вздрагивают жилы. Я кричу – вижу на шее кровь:

– Кровь из нее идет, жила лопнула!..

Алой струйкой, густой, растекается на шее у Кривой кровь. Антипушка стирает лопушком и сердится:

– А, сте-рва какая, прокусил, гад!.. Вон и еще… гляди, как искровянили-то лошадку оводишки… а она пьет и пьет, не чует!..

Говорят – это ничего, в такую жарынь пользительно, лошадка-то больно сытая, – «им и сладко». А Кривая все пьет и пьет, другое ведерко просит. Антипушка говорит, что так не пила давно, – пользительная вода тут, стало быть. И все мы пьем, тоже из ведерка. Вода ключевая, сладкая: Яуза тут родится, от родников, с-под горок. И Горкин хвалит: прямо чисто с гвоздей вода, ржавчиной отзывает, с пузыриками даже, – верно, через железо бьет. А в Москве Яуза черная да вонючая, не подоешь, – потому и зовется – Яуза-Гряуза! И начинает громко рассказывать, будто из священного читает, а все богомольцы слушают. И подводчики с моста слушают – кипы везут на фабрику и приостановились.

– Так и человек. Родится дите чистое, хорошее, андельская душка. А потом и обгрязнится, черная станет да вонючая, до смрада. У Бога все хорошее, все-то новенькое да чистенькое, как те досточка строгана… а сами себя поганим! Всякая душа, ну… как цветик полевой-духовитый. Ну, она, понятно, и чует – поганая она стала, – и тошно ей. Вот и потянет ее в баньку духовную, во глагольную, как в Писаниях писано: «В баню водную, во глагольную»! Потому и идем к Преподобному – пообмыться, обчиститься, совлечься от грязи-вони…

Все вздыхают и говорят:

– Верно говоришь, отец… ох, верно!

А Горкин еще из священного говорит, и мне кажется, что

48

его считают за батюшку: в белом казакинчике он, будто в подряснике, – и так мне приятно это. Просят и просят:

– Еще поговори чего, батюшка… слушать-то тебя хорошо, разумно!..

На берегу, в сторонке, сидят двое, в ситцевых рубахах, пьют из бутылки и закусывают зеленым луком. Это, я знаю, плохие люди. Когда мы глядели парня, они кричали:

– Он вот водочки вечерком хватит на пятаки-то ваши… сразу исцелится, разделает комара… таких тут много!

Горкин плюнул на них и крикнул, что нехорошо так охальничать, тут горе человеческое. А они все смеялись. И вот когда он говворил из священного, про душу, они опять стали насмехаться:

– Ври-ври, седая крыса! Чисть ее, душу, кирпичом с водочкой, чище твоей лысины заблестит!

Так все и ахнули. А подводчики кричат с моста:

– Кнутьями их, чертей! такие вот намедни у нас две кипы товару срезали!..

А те смеются. Горкин их укоряет, что нельзя над душой охальничать. И Федя даже за Горкина заступился – а он всегда очень скромный. Горкин его зовет – «красная девица ты прямо!». И он даже укорять стал:

– Нехорошо так! не наводите на грех!..

А они ему:

– Молчи, монах! в триковых штанах!..

Ну, что с таких взять: охальники!

Один божественный старичок, с длинными волосами, мочит ноги в речке и рассказывает, какие язвы у него на ногах были, черви до кости проточили, а он летось помыл тут ноги с молитвой, и все-то затянуло, – одни рубцы. Мы смотрим на его коричневые ноги: верно, одни рубцы.

– А наперед я из купели у Троицы мочил, а тут доправилось. Будете у Преподобного, от Златого Креста с молитвою испейте. И ты, мать, болящего сына из-под Креста помой, с верой! – говорит он старушке, которая тоже слушает. – Преподобный кладезь тот копал, где Успенский собор, – и выбило струю, под небо! Опосля ее крестом накрыли. Так она скрозь тот крест проелась, прыщет во все концы, – чудо-расчудо.

Все мы радостно крестимся, а те охальники и кричат:

– Надувают дураков! Водопровод-напор это, нам все, сресалям, видно... дураки степные!

Старичок им прямо:

– Сам ты водопровод-напор!

И все мы им грозимся и посошками машем – Не охальничайте! веру не шатайте, шатущие!..

И Горкин сказал – пусть хоть и распроводопровод, а через крест идет... и водопровод от Бога! А один из охальников допил бутылку, набулькал в нее из речки и на нас – плеск из горлышка, крест-накрест!

– Вот вам мое кропило! исцеляйся от меня по пятаку с рыла!..

Так все и ахнули. Горкин кричит:

– Анафема вам, охальники!..

И все богомольцы подняли посошки. И тут Федя – пиджак долой, плюнул в кулаки да как ахнет обоих в речку, – пятки мелькнули только. А те вынырнули по грудь и давай нас всякими-то словами!.. Анюта спряталась в лопухи, и я перепугался, а, подводчики на мосту кричат:

– Ку-най их, ку-най!

Федя, как был, в лаковых сапога, – ним в реку и давай их за волосы трепать и окунать. А мы все смотрели и крестились. Горкин молит его:

– Федя, не утопи... смирись!..

А он прямо с плачем кричит, что не может дозволить Бога поносить, и все их окунал и по голове стукал. Тогда те стали молить – отпустить душу на покаяние. И все богомольцы принялись от радости бить посошками по воде, а одна старушка упала в речку, за мешок уж ее поймали – вытащили. А Федя выскочил из воды, весь бледный, – и в лопухи. Я смотрю – стягивает с себя сапоги и брюки и выходит в розовых панталонах. И все его хвалили. А те, охальники, выбрались на лужок и стали грозить, что сейчас приятелей позовут, мытищинцев, и всех нас перебьют ножами. Тут подводчики кинулись за ними, догнали на лужку и давай стегать кнутьями. А когда кончили, подошли к Горкину и говорят:

– Мы их дюже попарили, будут помнить. Их бы воротяжкой надоть, чем вот воза прикручиваем!.. Басловите нас, батюшка.

Горкин замахал руками, стал говорить, что он не сподоблен, а самый простой плотник и грешник. Но они не поверили ему и сказали:

– Это ты для простоты укрываешься, а мы знаем.

Тележка выезжает на дорогу. Федя несет сапоги за ушки, останавливается у больного парня, кладет ему в ноги сапоги и говорит:

– Пусть носит за меня, когда исцелится.

Все ахают, говорят, что это уж указание ему такое и парень беспременно исцелится, потому что сапоги эти не простые, а лаковые, не меньше как четвертной билет, – а не пожалел! Старуха плачет и крестится на Федю, причитает:

– Родимый ты мой, касатик-милостивец… хорошую невесту Господь те пошлет…

А он начинает всех оделять баранками и всем кланяется и говорит смиренно:

– Простите меня, грешного… самый я грешный.

И многие тут плакали от радости, и я заплакал. Ищем Домну Панферовну, а она храпит в лопухах, – так ничего и не видала. Горкин ей еще попенял:

– Здорова ты спать, Панферовна… так и царство небесное проспишь. А тут какие чудеса-то были!..

Очень она жалела, всей чудесов-то не видала.

Идём по тропкам к Мытищам. Я гляжу на Федины ноги, какие они белые, и думаю, как же он теперь без сапог-то будет. И Горкин говорит:

– Так, Фёдя, и пойдешь босо, в розовых? И что это с тобой деется? То щеголем разрядился, а то… Будто и не подходит так… в тройке – и босой! Люди засмеют. Ты бы уж неприглядней как…

– Я теперь, Михаила Панкратыч, уж все скажу.. – говорит Федя, опустив глаза. – Лаковые сапоги я нарочно взял –

добивать, а новую тройку – тридцать рублей стоила! – дотрепать. Не нужно мне красивое одеяние и всякие радости. А тут и вышло мне указание. Пришлось стаскивать сапоги, а как увидал болящего, меня в сердце толкнуло: отдай ему! И я отдал, развязался с сапогами Могу простые купить, а то и тройку продам для нищих или отдам кому. Я с тем, Михаила Панкратыч, и пошел, чтобы не ворочаться. Давно надумал в монастыре остаться, как еще Саня Юрцов в послушники поступил…

И вдруг подпрыгнул – на сосновую шишечку попал, – от непривычки. Горкин разахался:

– В монасты-ырь?! Да как же так… да меня твой старик загрызет теперь… ты, скажет, смутил его!

– Да нет, я ему письмо напишу, все скажу. По солдатчине льготный я, и у папаши Митя еще останется, да, может, еще и не примут, чего загадывать.

– Да Саня-то заика природный, а ты парень больно кудряв-красовит, говорит Домна Панферовна, – на соблазн только, в монахи-то! Ну, возьмут тебя в певчие, и будут на тебя глаза пялить… нашу-то сестру взять – И горяч ты, Федя, подивился я нонче на тебя.. – говорит Горкин. Ох, подумай-подумай, дело это не легкое, в монастырь!..

Федя идет задумчиво, на свои ноги смотрит. Пыльные они стали, и Федя уже не прежний будто, а словно его обидели, наказали, – затрапезное на него надели.

– Благословлюсь у старца Варнавы, уж как он скажет. А то, может, в глухие места уйду, к валаамским старцам… Он сворачивает в канавку у дороги и зовет нас с Анютой:

– Глядите, милые… земляничка-то божия, первенькая!

Мы подбегаем к нему, и он дает нам по веточке земляничек, красных, розовых и еще неспелых – зеленовато-белых. Мы встряхиваем их тихо, любуемся, как они шуршат, будто позванивают, не можем налюбоваться, и жалко съесть. Как они необыкновенно пахнут! Федя шурхает по траве, босой, и все собирает, собирает и дает нам. У нас уже по пукетику, всех цветов, ягодки так дрожат… Пахнет так сладко, свеже – радостным богомольем пахнет, сосенками, смолой… И до сего дня помню радостные те ягодки, на солнце, – душистые огоньки, живые.

Мы далеко отстали, догоняем. Федя бежит, подкидывает пятки, совсем как мы. Кричит весело Горкину:

– Михаила Панкратыч… гостинчику! первая земляничка божья!..

И начинает оделять всех, по веточке, словно раздает свечки в церкви. Антипушка берет веточку, радуется, нюхает ягодки и ласково говорит Феде:

– Ах ты, душевный человек какой… простота ты. Такому в миру плохо, тебя всякий дурак обманет. Видать, так уж тебе назначено, в монахи спасаться, за нас Богу молиться. Чистое ты дите вот.

Горкин невесел что-то, и всем нам грустно, словно Федя ушел от нас.

А вот и Мытищи, тянет дымком, навозом. По дороге навоз валяется: возят в поля, на пар. По деревне дымки синеют. Анюта кричит:

– Ма-тушки… самоварчики-то золотенькие по улице, как тумбочки!..

Далеко по деревне, по сторонам дороги, перед каждым как будто домом, стоят самоварчики на солнце, играют блеском, и над каждым дымок синеет. И далеко так видно – по обе стороны – синие столбики дымков.

– Ну, как тут чайку не попить!.. – говорит Горкин весело, – уж больно парадно принимают… самоварчики-то стоят, будто солдатики. Домна Панферовна, как скажешь? Попьем, что ли, а?. А уж серчать не будем.

– Ты у нас голова-то… а закусить самая пора… будто пирогами пахнет?..

– Самая пора чайку попить – закусить… – говорит и Антипушка. – Ах, благодать Господня… денек-то Господь послал!..

И уж выходят навстречу бабы, умильными голосками зазывают:

– Чайку-то, родимые, попейте… пристали, чай?..

– А у меня в садочке, в малинничке-то!..

53

– Родимые, ко мне, ко мне!.. летошний год у меня пивали… и смородинка для вас поспела, и…

– Из луженого-то моего, сударики, попейте… у меня и медок нагдышний, и хлебца тепленького откушайте, только из печи вынула!..

И еще, и еще бабы, и старухи, и девочки, и степенные мужики. Один мужик говорит уверенно, будто уж мы и порядились:

– В сарае у меня поотдохнете, попимши-то… жара спадет. Квасу со льду, огурцов, капустки, всего по постному делу есть. Чай на лужку наладим, на усадьбе, для апекиту… от духу задохнешься! Заворачивайте без разговору.

– Дом хороший, и мужик приятный… и квасок есть, на что уж лучше…говорит Горкин весело. – Да ты не Соломяткин ли будешь, будто кирпич нам важивал?

– Как же не Соломяткин! – вскрикивает мужик. – Спокон веку все Соломяткин. Я и Василь Василича знаю, и тебя узнал. Ну, заворачивайте без разговору.

– Как Господь-то наводит! – вскрикивает и Горкин. – Мужик хороший, и квас у него хозяйственный. Вон и садик, смородинки пощипите, – говорит нам с Анютой, – он дозволит. Да как же тебя не помнить… царю родня! Во куда мы попали, как раз насупротив Карцовихи самой, дом вон двуярусный, цел все…

– А пощипите, зарозовела смородинка, – говорит мужик. – Верно, что сродни будто Лександре Миколаевичу… – смеется он, – братье, выходит.

– Как – братье?! – с удивлением говорит Антипушка; и я не верю, и все не верят.

– А вот так, братье! Вводи лошадку без разговору.

Мужик распахивает ворота, откуда валит навозный дух. И мешается с ним медовый, с задов деревни, с лужков горячих, и духовито горький, церковный будто, – от самоварчиков, с пылких сосновых шишек.

– Ах, хорошо в деревне!.. – воздыхает Антипушка, потягивая в себя теплый навозный дух. – Жить бы да жить… Нет, поеду в деревню помирать.

Пока отпрягают Кривую и ставят под ветлы в тень, мы лежим на прохладной травке-муравке и смотрим в небо, на котором заснули редкие облачка. Молчим, устали. Начинает клонить ко сну...

– А ну-ка кваску, порадуем Москву!.. – вскрикивает мужик над нами, и слышно, как пахнет квасом.

В руке у мужика запотевший каменный кувшин, красный; в другой – деревянный ковш.

– Этим квасом матушка, покойница, царевича поила... хвалил-то как!

Пенится квас в ковше, сладко шипят пузырики, – и кажется все мне сказкой.

На святой дороге

– Хорош квасок, а прохлаждаться нечего, – торопит Горкин, – закусим – да и с Богом. Пушкино пройдем, в Братовщине ночуем. Сколько до Братовщины считаете?

– Поспеете, – рыгает мужик в кувшин. – Шибает-то как сердито! Черносливину припущаю. На цветочки пойдемте, на усадьбу. Пни там у меня, не хуже креслов.

Идем по стежке, в жарком, медовом духе. Гудят пчелы. Горит за плетнем красными огоньками смородина. В солнечной полосе под елкой, где чернеют грибами ульи, поблескивают пчелы. Антипушка радуется – сенцо-то, один цветок! Ромашка, кашка, бубенчики... Горкин показывает: морковник, купырники, свербика, белоголовничек. Мужик ерошит траву ногой – гуще каши! Идем в холодок, к сараю, где сереют большие пни.

– Французы на них сидели! – говорит мужик. – А сосна, может, и самого Преподобного видала.

Дымит самовар на травке. Антипушка с Горкиным делают мурцовку: мнут толкушкой в чашке зеленый лук, кладут кислой капусты, редьки, крошат хлеба, поливают конопляным маслом и заливают квасом. Острый запах мурцовки мешается с запахом цветов. Едим щербатыми ложками, а Федя грызет сухарик.

– Молодец-то чего же не хлебает? – спрашивает мужик.

Говорим – в монахи собирается, постится. Начинает хлебать и Федя.

– То-то, гляжу, чу-дной! Спинжак хороший, а в гульчиках и босой... а ноги белы. В мо-нахи – а битюга повалит.

Горкин говорит: как кому на роду написано, такими-то и стоит земля. Мужик вздыхает: у Бога всего много. Федя просит, нет ли сапог поплоше, а то смеются. Идет за сарай и выходит в брюках, почесывает ноги: должно быть, крапивой обстрекался. Мужик говорит, что сапоги найдутся.

Пьем чай на траве, в цветах. Пчелки валятся в кипяток –

56

столько их! От сарая длиннее тень. Домну Панферовну разморило, да и всем дремлется – не хочется и смородинки пощипать. Мужик говорит, что с квасу это.

– С квасу моего ноги снут. Старуха моя в Москву к дочке поехала, а то бы она вас «мартовским» попотчевала бы... в ледку у ней засечен. Давеча ты сказал – богато живу... – говорит мужик Горкину. – Бога не погневлю: есть чего пожевать, на чем полежать. Сыны в Питере, при дворцах, как гвардию отслужили, живут хорошо. Хлеба даром и я не ем. А богомольцев не из корысти принимаю, а нельзя обижать Угодника. Спокон веков, от родителей. Дорога наша святая, по ней и цари к Преподобному ходили. В давни времена мы солому заготовляли под царей, с того и Соломяткины. У нас и Сбитневы есть, и Пироговы. Мной, может, и покончится, а закон додержу. Кака корысть! Зимой – метель на дворе, на печь давно пора, а тут старушку божию принесло, клюшкой стучит в окошко – «пустите, кормильцы, заночевать!». Иди. Святое дело, от старины. Может, Господь заплатит.

Говорит он важно, бороду все поглаживает. Борода у него широкая. Лицом строгий, а глаза добрые. И такой чистый, в белой рубахе с крапинкой. Горкин спрашивает, как это он – «царев брат»?

– Дело это знаменитое. Сама Авдотья Гавриловна Карцева рассказывала, дом-то ее насупротив, в два яруса. Так началось. Как господа от француза из Москвы убегали на Ярославль, тут у нас гону было!.. Вот одна царская генеральша, вроде прынцесса, и поломайся. Карета ее, значит. Напротив дома Карцевых, оба колеса. Дуняше тогда семнадцатый год шел, а уже ребеночка кормила. Ну, помогла генеральше вылезть из кареты. Та ее сразу и полюбила, и пристала у них, пока карету починяли. Писаная красавица была Дуняша, из наборов избор! А у генеральшиной дочки со страхов молоко пропало, дитё кричит. Дуняша и стань его кормить, молошная была. Высокая была, и все расположение ее было могущественное, троих выкормит. Генеральша и упросила ее с собой, мужу капитал выдала. Прихватила своего и поехала с царской генеральшей. Воротилась через год, в лисьей шубе, и повадка у ней уж благородная набилась. С матушкой моей подружки были. Я в шишнадцатом родился, а у матушки от горячки молоко сгорело… Дуняша и стала меня кормить со своим, в молоке была. Я ее так и звал – мама Дуня. А в восемнадцатом годе и случилось… Губернатор с казаками прискакал, и в бумаге приказ от царской генеральши – с молоком ли Дуня Карцева? А она две недели только родила. Прямо ее в Москву на досмотр помчали. А там уж царская генеральша ждет. Обласкала ее, обдарила… А царь тогда Лекеандр Первый был, а у него брат Миколай Павлыч. Вот у Миколай-то Павлыча сын родился, а что уж там – не знаю, а только кормилку надо достоверную искать по всему царству-государству. Царская генеральша и похвались: достану такую… из изборов избор. Значит, на какой она высоте-то была, генеральша! Доктора ее обгляди во всех статьях – говорят: лучше нельзя и требовать. И помчала ее та генеральша с дитей ее в карете меховой-золотой, с зеркальками… с энтими вот, на запятках-то… помчали стрелой без передыху, как птицы, и кругом казаки с пиками… В два дни в Питер к самому дворцу примчали. А Дуняша дрожит, Богу молит, как бы чего не вышло. Дите ее кормилку взяли… Ну, она тайком его кормила, ее генеральша под секретом по какой-то лестнице с винтом выважавала. Сперва в баню, промыли-прочесали, духами душили, одели в золото – в серебро, в каменья, кокошник огромадный… Как показали ее всей царской фамилии – шабаш, из изборов избор! Сам Миколай Павлыч ее по щеке поласкал, сказал: «Как Расея наша! корми Сашу моего, чтобы здоровый был». А царевич криком кричит, своего требует: молочка хочу! Как его припустили ко груди-то… к нашей, сталоть, мы-ти-щинской-деревенской, ша-баш! Не оторвешь, что хошь. Сперва-то она дрожала с перепугу, а там обошлась. Три генеральши в шестеро глаз глядели, как она дитё кормила, а царская генеральша над ними главная. А целовать – ни-ни! «А я, – говорит, наклонюсь, будто грудь выправить, и приложусь!» Сама мне сказывала. Как херувинчик был, весь-то в кружевках. И корм ей шел отборный, и питье самое сладкое. И при ней служанки – на все. Вот и выкормила нам Лександру Миколаича, он всех крестьян-то и ослободил.

Молочко-то... оно свое сказало! Задарили ее, понятно, наследники большую торговлю в Москве имеют. Царевич как к Троице поедет – к ней заезжал. Раз и захотись пить ему, жарко было. Она ему – миг! – «Я тебя, батюшка, кваском попотчую, у моей подружки больно хорош». А матушка моя квас творила... – всем квасам квас! И послала к матушке. Погнала меня матушка, побег я с кувшином через улицу, а один генерал, с бачками, у меня и выхвати кувшин-то! А царевич и увидь в окошко – и велел ему допустить меня с квасом. Она-то уж ему сказала, что я тоже ее выкормыш. А уж я парень был, повыше его. Дошел к нему с квасом, он меня по плечу: «Богатырь ты!» И смеется: «Братец мне выходишь?» Я заробел, молчу. Велел выдать мне рубль серебра, крестовик. А генералы весь у меня кувшин роспили и цигарками заугощали. Во каким я вас квасом-то угостил! А как ей помирать, в сорок пятом годе было... за год, что ль, заехал к кормилке своей, а она ему на росстанях и передала башмачки и шапочку, в каких его крестили. Припрятано у ней было. И покрестила его, чуяла, значит, свою кончину. Хоронили с альхереем, с певчими, в облачениях-разоблачениях... У нас и похоронена, памятник богатый, с золотыми словами: «Лежит погребено тело... Московской губернии крестьянки Авдокеи Гавриловны Карцовой... души праведные упокояются»...

Слушаю я – и кажется все мне сказкой. Горкин утирает глаза платочком. Пора и трогаться.

– Каки Мытищи-то, – говорит он растроганно, – и на святой дороге! Утешил ты нас. Будешь кирпич возить – заходи чайку попить.

Соломяткин дает мне с Анютой по пучочку смородины. Отдает Феде за целковый старые сапоги, жесткие, надеть больно. Федя говорит – потерплю. За угощение Соломяткин не берет и велит поклончик Василь Василичу. Провожает к дороге, показывает на дом царской кормилицы, пустой теперь, и хвалит нашу тележку: никто нонче такой не сделает! Горкин велит Феде записать – просвирку вынуть за упокой рабы божией Евдокеи и за здравие Антропа. Соломяткин благодарит и желает нам час добрый.

59

Солнце начинает клониться, но еще жжет. Темные боры придвинулись к дороге частой еловой порослью. Пышет смолистым жаром. По убитым горячим тропкам движутся богомольцы – одни и те же. Горкин похрамывает, говорит – квас это на ноги садится, и зачем-то трясет ногой. На полянке, в елках, он приседает и говорит тревожно: «Что-то у меня с ногой неладно?» Велит Феде стащить сапог. Нога у него синяя, жилы вздулись. Он валится и тяжело вздыхает. Мы жалостливо стоим над ним. Антипушка говорит – не иначе, надо его в тележку. Горкин отмахивает – хоть ползком, а доберется, по обещанию. Антипушка говорит – кровь бы ему пустить, в Пушкине бабку найдем либо коновала. Горкин охает: «Не сподобляет Господь… за грех мой!» Мечется головой по иглам, жарко ему, должно быть. А от ельника – как из печи. И всё стонет:

– За ква-ас на сухариках обещался потрудиться, а мурцовки захотел, для мамону… квасом Господь покарал…

Домна Панферовна кричит:

– Кровь у тебя зёмкнуло, по жиле вижу! Какую еще там бабку… сейчас ему кровь спущу!..

И начинает ногтем строгать по жиле и разминать. Горкин стонет, а она на него кричит:

– Что-о?.. храбрился, а вот и пригодилась Панферовна! Ничего-о, я тебя сразу подыму, только дайся!

И вынимает из саквояжа мозольный ножик и тряпочку. Горкин стонет: – Цирульник… Иван Захарыч… без резу пользовал… пиявки, Домнушка, приставлял…

– Ну, иди к своему цирульнику, «без ре-зу»!.. Ты меня слушай… я тебе сейчас черную кровь спущу, дурную… а то жила лопнет!..

Горкин все не дается, охает:

– Ой, погоди… ослабну, не дойду… не дамся нипочем, ослабну…

Домна Панферовна машет на него ножиком и кричит, что ни за что помрет, а она это дело знает – чикнет только разок! Горкин крестится, глядит на меня и просит:

– Маслицем святым… потрите из пузыречка, от Пантелеймона… сам Ераст Ерастыч без резу растирал…

А это доктор наш. Домна Панферовна кричит: «Ну, я не виновата, коли помрешь!» – берет пузырек и начинает тереть по жиле. Я припадаю к Горкину и начинаю плакать. Он меня гладит и говорит:

– А Господь-то… воля Господня… помолись за меня, косатик.

Я пробую молиться, а сам смотрю, как трет и строгает ногтем Домна Панферовна, вся в поту. Кричит на Федю, который все крестится на елки:

– Ты, моле-льщик… лапы-то у тебя… три тужей!

Федя трет изо всей-то мочи, словно баранки крутит. Горкин постанывает и шепчет:

– У-ух… маленько поотпустило… у-ух… много легше… жила-то… словно на место встала… маслице-то как… роботает… Пантелемон-то… батюшка… что делает…

Все мы рады. Смотрим – нога краснеет. Домна Панферовна говорит:

– Кровь опять в свое место побегла… ногу-то бы задрать повыше.

Стаскивают мешки и подпирают ногу. Я убегаю в елки и плачу-плачу, уже рт радости, Гляжу – и, Анюта в елках, ревет и шепчет:

– По-мрет старик… не дойдем до Троицы… не увидим!..

– Я кричу ей, что Горкин уж ррдит пальцами и нога красная, настоящая. Бегу к Горкину, а слезы так и текут, не могу унять. Он поглаживает меня, говорит:

– Напугался, милок?.. Бог даст, ничего… дойдем к Угоднику.

Мне делается стыдно: будто и оттого я плачу, что не дойдем.

А кругом уже много богомольцев, и все жалеют:

– Старичок-то лежит, никак отходит?..

Кто-то кладет на Горкина копейку; кто-то советует:

– Лик-то, лик-то ему закрыть бы… легше отойдет-то!

Горкин берет копеечку, целует ее и шепчет:

– Господня лепта… сподобил Господь принять… в гроб с собой скажу положить…

Шепчутся-крестятся:

– Гро-ба просит… душенька-то уж чу-ет…

Антипушка плюется, машет на них:

– Чего вы каркаете, живого человека хороните?!

Горкин крестится и начинает приподыматься. Гудят-ахают:

– Гляди ты, восстал старик-то!..

Горкин уже сидит, подпирается кулаками сзади, – повеселел.

– Жгет маленько, а боли такой нет… и пальцами владаю… – говорит он, и я с радостью вижу, как кланяется у него большой палец. – Отдохну маленько – и пойдем. До Братовщины ноне не дойти, в Пушкине заночуем уж.

– Сядь на тележку, Го-ркин!.. – упрашиваю я, – я грех на себя возьму!

То, что сейчас случилось, – вздохи, в которых боль, тревожно ищущий слабый взгляд, испуганные лица, Федя, крестящийся на елки, копеечка на груди… – все залегло во мне острой тоской, тревогой. И эти слова – «отходит… лик-то ему закрыть бы…». Я держу его крепко за руку. Он спрашивает меня:

– Ну, чего дрожишь, а? жалко меня стало, а?..

И сухая, горячая рука его жмет мою.

Солнце невысоко над лесом, жара спадает. Вон уж и Пушкино. Надо перейти Учу и подняться: Горкин хочет заночевать у знакомого старика, на той стороне Села. Федя Поддерживает его и сам хромает – намяли сапоги ногу. Переходим Учу по смоляному мосту. В овраге засвежело, пахнет смолой, теплой водой и рыбой. Выше еще тепло, тянет сухим нагревом, еловым, пряным. Стадо вошло в деревню, носятся табунками овцы, стоит золотая пыль. Избы багряно золотятся. Ласково зазывают бабы – Чай, устали, родимые, ночуйте… свежего сенца постелим, ни клопика, ни мушки!.. Ночуйте, Право?..

Знакомый старик – когда-то у нас работал – встречает с самоваром. Нам уже не до чаю. Федя с Антипушкой устраивают Кривую под навесом и уходят в сарай на сено. Домна Панферовна с Анютой ложатся на летней половине, а

Горкину потеплей надо. В Избе жарко: сегодня пекли хлебы. Старик говорит:

— На полу уж лягте, на сенничке. Кровать у меня богатая, да беда… клопа сила, никак не отобьешься. А тут как в раю вам будет.

Он приносит бутылочку томленых муравейков и советует растереть, да покрепче, ногу. Домна Панферовна старательно растирает, потом заворачивает в сырое полотенце и кутает крепко войлоком. Остро пахнет от муравьев, даже глаза дерет. Горкин благодарит:

— Вот спасибо тебе, Домнушка, заботушка ты наша. Прости уж за утрешнее.

Она ласково говорит:

— Ну, чего уж… все-то мы кипятки.

Старик затепливает лампадку, покрехтывает. Говорит:

— Вот и у меня тоже, кровь запирает. Только муравейками и спасаюсь. Завтра, гляди, и хромать не будешь.

Они еще долго говорят о всяких делах. За окошками еще светло, от зари. Шумят мухи по потолку, черным-то-черно от них.

Я просыпаюсь от жгучей боли, тело мое горит. Кусают мухи? В зеленоватом свете от лампадки я вижу Горкина: он стоит на коленях, в розовой рубахе, и молится. Я плачу и говорю ему:

— Го-ркин… мухи меня кусают, бо-льно…

— Спи, косатик, — отвечает он шепотом, — каки там мухи, спят давно.

— Да нет, кусают!

— Не мухи… это те, должно, клопики кусают. Изба-то зимняя. С потолка, никак, валятся, ничего не поделаешь А ты себе спи — и ничего, заспишь. Ай к Панферовне те снести, а? Не хочешь… Ну, и спи, с Господом.

Но я не могу заснуть, А он все молится.

— Не спишь все… Ну, иди ко мне, поддевочкой укрою. Согреешься — и заснешь. С головкой укрою, клопики и не подберутся. А что, испугался за меня давеча, а? А ноге-то моей совсем легше, согрелась с муравейков. Ну, что… не кусают клопики?

– Нет. Ножки только кусают.

– А ты подожмись, они и не подберутся. А-ах, Господи… прости меня, грешного… – зевает он.

Я начинаю думать – какие же у него грехи? Он прижимает меня к себе, шепчет какую-то молитву.

– Горкин, – спрашиваю я шепотом, – какие у тебя грехи? Грех, ты говорил… когда у тебя нога надулась?..

– Грех-то мой… Есть один грех, – шепчет он мне под одеялом, – его все знают, и по закону отбыл, а… С батюшкой Варнавой хочу на духу поговорить, пооблегчиться. И в суде судили, и в монастыре два месяца на покаянии был. Ну, скажу тебе. Младенец ты, душенька твоя чистая… Ну, роботали мы на стройке, семь лет скоро. Гриша у меня под рукою был, годов пятнадцати, хороший такой. Его отец мне препоручил, в люди вывесть. А он, сказать тебе, высоты боялся. А какой плотник, кто высоты боится! Я его и приучал: ходи смелей, не бось! Раз понес он дощонку на второй ярусок – и стал. «Боюсь, – говорит, – дяденька, упаду… глаза не глядят!» А я его, сталоть, постращал: «Какой ты, дурачок, плотник будешь, такой высоты боишься? полезай!» Он ступанул – да и упади с подмостьев! Три аршинчика с пядью всей и высоты-то было. Да на кирпичи попал, ногу сломал. Да, главно дело, грудью об кирпичи-то… кровью стал плевать, через годок и помер. Вот мой грех-то какой. Отцу-матери его пятерку на месяц посылаю, да папашенька красенькую дают. Живут хорошо. И простили они меня, сами на суду за меня просили. Ну, церковное покаяние мне вышло, а то сам суд простил. А покаяние для совести, так. А все что-то во мне томится. Как где услышу, Гришей кого покличут, – у меня сердце и похолодает. Будто я его сам убил… А? ну, чего душенька твоя чует, а?.. – спрашивает он ласково и прижимает меня сильней. У меня слезы в горле. Я обнимаю его и едва шепчу:

– Нет, ты не убил… Го-ркин, милый… ты добра ему хотел…

Я прижимаюсь к нему и плачу, плачу. Усталость ли от

64

волнений дня, жалко ли стало Горкина – не знаю. Неужели Бог не простит его и он не попадет в рай, где души праведных упокояются? Он зажигает огарок, вытирает рубахой мои слезы, дает водицы, – Спи, с Господом, завтра рано вставать. Хочешь, к Антипушке снесу, на сено? – спрашивает он тревожно. Я не хочу к Антипушке.

В избе белеет; перекликаются петухи. Играет рожок, мычат коровы, щелкает крепко кнут. Под окном говорит Антипушка: «Пора бы и самоварчик ставить». Горкин спит на спине, спокойно дышит. На желтоватой его груди, через раскрывшуюся рубаху, видно, как поднимается и опускается от дыхания медный, потемневший крестик. Я тихо подымаюсь и подхожу к окошку, по которому бьются с жужжаньем мухи. Антипушка моет Кривую и трет суконкой, как и в Москве. По той и по нашей стороне уже бредут ранние богомольцы, по холодку. Так тихо, что и через закрытое окошко слышно, как шлепают и шуршат их лапти. На зеленоватом небе – тонкие снежные полоски утренних облачков. На моих глазах они начинают розоветь и золотиться – и пропадать. Старик, не видя меня, пальцем стучит в окошко и кричит сипло: «Эй, Панкратыч, вставай!» – Наказал будить, как скотину погонят, – говорит он Антипушке, зевая. Зябнется по заре-то… а, гляди, опять нонче жарко будет.

Меня начинает клонить ко сну. Я хочу полежать еще, оборачиваюсь и вижу: Горкин сидит под лоскутным одеялом и улыбается, как всегда.

– Ах ты, ранняя пташка… – весело говорит он. – А нога-то моя совсем хорошая стала. Ну-ко, открой окошечко.

Я открываю – и красная искра солнца из-за избы напротив ударяет в мои глаза.

У креста

Я сижу на завалинке и смотрю – какая красивая деревня!

Соломенные крыши и березы – розово-золотистые, и розовые куры ходят, и розоватое облачко катится по дороге за телегой. Раннее солнце кажется праздничным, словно на Светлый день. Идет мужик с вилами, рычит: «Ай закинуть купца на крышу?» – хочет меня пырнуть. Антипушка не дает: «К Преподобному мы, нельзя». Мужик говорит: «А-а-а... – глядит на нашу тележку и улыбается, – занятная-то какая!» Садится с нами и угощает подсолнушками.

– Та-ак... к Преподобному идете... та-ак.

Мне нравится и мужик, и глиняный рукомойник на крылечке, стукнувший меня по лбу, когда я умывался, и занавоженный двор, и запах, и колесо колодца, и все, что здесь. Я думаю – вот немножко бы здесь пожить.

Поджидаем Горкина, ему растирают ногу. Нога совсем хорошая у него, ни сининки, но Домна Панферовна хочет загнать кровь дальше, а то воротится. Прямо – чудо с его ногой. На масленице тоже нога зашлась, за доктором посылали, и пиявки черную кровь сосали, а больше недели провалялся. А тут – призрел Господь ради святой дороги, будто рукой сняло. В благодарение Горкин только кипяточку выпил с сухариком, а чай отложил до отговенья, если Господь сподобит. И мы тоже отказались, из уважения: как-то неловко пить. Да и какие теперь чаи! Приготовляться надо, святые места пойдут. Братовщину пройдем – пять верст, половина пути до Троицы. А за Талицами – пещерки, где разбойники стан держали, а потом просветилось место. А там – Хотьково, родители Преподобного там, под спудом. А там и гора Поклонная, называется – «у Креста». В ясный день Троицу оттуда видно: стоит над борами колокольня, как розовая свеча пасхальная, и на ней огонечек – крестик. И Антипушка говорит – надо уж потерпеть, какие уж тут чаи. В египетской-то пустыне – Федя сказывал – старцы и воды никогда не пьют, а только росинки лижут.

Приходит Федя, говорит – церковь ходил глядеть и там шиповнику наломал – и дает нам с Анютой по кустику: «Будто от плащаницы пахнет, священными ароматами!» Видал лохматого старика, и на нем железная цепь, собачья, а на цепи замки замкнуты, идет – гремит; а под мышкой у него кирпич. Может, святой-юродивый, для плоти пострадания. Мужик говорит, что всякие тут проходят, есть и святые, попадаются. Один в трактире разувался, себя показывал, – на страшных гвоздях ходит, для пострадания, ноги в кровь. Ну, давали ему из благочестия, а он трактирщика и обокрал, ночевамши. Антипушка и говорит про Федю:

– Тоже спасается, ноги набил – и не разувается.

Мужик и спрашивает Федю, чего это у него на глазу, кровь, никак? Антипушка поднял с него картуз, а в картузе-то шиповник, натуго! И на лбу исцарапано. Федя застыдился и стал говорить, что для ароматов наклал да забыл. А это он нарочно. Рассказывал нам вчера, как святой на колючках молился, чтобы не спать. Мужик и говорит: «Ишь ты, какой бесчувственный!» Я сую веточку под картузик и жму до боли. Пробует и Анюта тоже. Мужик смеется и говорит:

– Пойдемте навоз возить, будет вам тела пострадание!

Мы все смеемся, и Федя тоже.

Куда ни гляди – все рожь, – нынче хлеба богатые. Рожь высокая, ничего-то за ней не видно. Федя сажает меня на плечи, и за светло-зеленой гладью вижу я синий бор, далекий… – кажется, не дойти. Рожь расстилается волнами, льется, – больно глазам от блеска. Качаются синие боры, жаворонок журчит, спать хочется. Через слипшиеся ресницы вижу – туманятся синие боры, льется-мерцает поле, прыгает там Анюта… Горкин кричит: «Клади в тележку, совсем вареный… спать клопы не дали!..» Пахнет травой, качает, шуршит по колесам рожь, хлещет хвостом Кривая, стегает по передку – стег, стег… Я плыву на волнистом поле, к синим борам, куда-то.

– Ко крестику-то сворачивай, под березу!

Я поднимаю голову: темной стеною бор. Светлый лужок, в ромашках. Сидят богомольцы кучкой, едят ситный.

Под старой березой – крест. Большая дорога, белая. В

жарком солнце скрипят воза, везут желтые бочки, с хрустом, – как будто сахар. К небу лицом, лежат мужики на бочках, раскинув ноги. Солнце палит огнем. От скрипа-хруста кажется еще жарче. Парит, шея у меня вся мокрая. Висят неподвижно мушки над головой, в березе. Федя поит меня из чайника. Жесть нагрелась, вода невкусная. Говорят – потерпи маленько, скоро святой колодец, студеная там вода, как лед, – за Талицами, в овраге. Прыгает ко мне Анюта, со страшными глазами, шепчет: «Человека зарезали, ей-Богу!..» Я кричу Горкину. Он сидит у креста, разувшись, глядит на свою ногу. Я кричу – зачем зарезали человека?! И Анюта кричит: «Зарезали человека, щепетильщика!» Я не понимаю – какого «щепетильщика»? Горкин говорит:

– Чего, дурачок, кричишь?.. Никого не зарезали, а это крестик… Может, и помер кто. Всегда по дорогам крестики, где была какая кончина.

Анюта крестится и кричит, что верно, зарезали человека – щепетильщика!

– Бабушка знает… в лавочку заходили квасок пить! Зарезали щепетильщика… вот ей-Богу!..

Горкин сердится. Какого такого щепетильщика? с жары сбесилась? К ней Пристают Антипушка и Федя, а она все свое: зарезали щепетильщика! Подходит Домна Панферовна, еле передыхает, вся мокрая. Рассказывает, что зашли в Братовщине в лавочку квасу Попить, вся душа истомилась, дышать нечем… а там прохожий и говорит – зарезали человека-щепетильщика, с коробами-то ходят, крестиками, иголками вот торгуют, пуговками… Впереди деревушка будет, Кащеевка, глухое место… будто вчера зарезали паренька, в кустиках лежит, и мухи всего обсели… такая страсть!..

– Почитай каждый день кого-нибудь да зарежут, говорит. Опасайтесь…

– Во-он что-о… – тихо говорит Горкин и крестится. – Царство ему небесное.

Всем делается страшно. Богомольцы толпятся, ахают, поглядывают туда, вперед. Говорят, что теперь опасные все места, мосточки пойдут, овражки… – один лучше и не ходи. А

Кащеевка эта уж известная, воровская. Вот и тут кого-то поубивали, крестик стоит, – ох, Господи! А за Талицами сейчас кресто-ов!.. Чуть поглуше где – крестик стоит.

Я хочу ближе к Горкину. Сажусь под крестик, жмется ко мне Анюта, в глаза глядит. Шепчет: «И нас зарежут, как щепети-льщика…» Крестик совсем гнилой, в крапинках желтой плесени. Что тут было – никто не знает. Береза, может, видала, да не скажет. Федя говорит – давайте споем молитву, за упокой. И начинает, а мы за ним. На душе делается легче. Подходит старик с косой, слушает, как хорошо поем «Со святыми упокой». Горкин спрашивает, почему крестик, не убили ли тут кого.

– Никого не убивали, – говорит старик, – а купец помер своею смертью, ехал из Александрова, стал закусывать под березой… ну, его и хватило, переел-перепил. Ну, сын его увез потом домой, а для памяти тут крест поставил, на помин души нам выдал… я тогда парнем был. Хорошо помянули. У нас этого не заведено, чтобы убивать. За Талицами… ну, там случается. Там один не ходи… А у нас этого не заведено, у нас тихо.

Все мы рады, что не зарезали, и кругом стало весело: и крестик, и береза повеселели будто.

– Там овражки пойдут, – говорит старик, – гляди и гляди. И лошадку могут отнять, и… Вы уж не отбивайтесь от дружки-то, поглядывайте.

И опять нам всем страшно.

Сильно парит, а только десятый час. За Талицами – овраг глубокий. Мы съезжаем – и сразу делается свежо и сумрачно. По той стороне оврага – старая березовая роща, кричат грачи. Место совсем глухое. Стоит, под шатром с крестиком, колодец. В горе – пещерки. Лежат у колодца богомольцы, говорят нам: повел монах народ под землю, маленько погодите, лошадку попоите. Федя глядит в колодец – дна, говорит, не видно. Спускает на колесе ведро. Колесо долго вертится. Долго дрожит веревка, втягивает ведро. От ведра веет холодом. Вода – как слеза, студеная, больно пить. Говорят – подземельная тут река, во льду; бывает, что и льдышки вытягивают, а кому счастье – серебряные рубли находят, старинные. Тут разбойники клад держали, а потом просветилось место, какой-то монах их вывел.

– Глядите-ка, – говорит Федя, – старушка знакомая тут, с внучкой-то, в бусах-то… у заставы-то повстречали!

Старушка признает нас, рада. С ней на травке красавочка-молодка, которая на девочку похожа, в красной повязке рожками, в узорочной сорочке. Все мы рады, словно родные встретились. Молодка почему-то плачет, перебирает янтарные бусинки в коленях. Горкин расспрашивает, с чего это она плачет. Старушка жалуется, что вот, ни с чего обидел внучку старик один – вон лежит, боров, на кирпиче-то дрыхнет!

– Да что, родные… Подошел к нам, схватил бабочку за рукав, стал сопеть, затребовал ее… дай мне твой замочек, какой ни есть… я те замкну – отомкну, а грех на себя приму! Тьфу!.. Боров страшный!.. Про грех сказал-то чего, а? А это он от людей слыхал, что мальчика – андельскую душку – заспала, молчит-горюет с того. Она – от него, заголосила… Как бес, страшный, железами закручен, замки навешены! Он ее за бусы и схватил, потянул к себе… пойдем со мной жить, я с тебя грех сыму-разомкну! И порвал бусы-то на ней. Чумовой! Все тут собирали, не собрали. До слез внучку довел. И плакать разучилась, а вот и заплакала!

Красавица-молодка смотрит на нас сквозь слезы. Горкин и говорит:

– А ведь к лучшему вышло-то! Она будто в себя пришла, по-умному глядит. Помню, шла – как водой облили… а ты гляди, мать, она хорошая стала! Может, себя найдет?..

– Дал бы Господь милосливый! Откликаться стала, а то все немая словно была. Как бусинки-то посыпались, она – ах!.. – как заголосит!.. Стала их подбирать, меня звать. Признала меня-то, родимые… Заплакала, жаться ко мне стала. «Ба-ушка, – говорит, – да где мы с тобой, да пойдем, баушка, домой!» Федя нашел бусинку и подает молодке. Она ничего, приняла от него, покосилась только и закрыла лицо ладошками. Домна Панферовна к ней подсела, по головке ее погладила, и стала говорить что-то – ничего, слушает. На меня так весело посмотрела и далее улыбнулась. Совсем как святая на иконах, очень приятная. Горкин говорит – чудо совершилось! Федя кричит нам: «Идите сюда, тут старик замечательный!» Старик страшный, в волосах репейки, лежит головой на кирпиче. Подходим, а он распахнул дерюжную кофту, а там голое тело, черное, в болячках, и ржавая цепь, собачья, кругом обернута, а на ней все замки: и мелкие, и большие, ржавые, и кубастые, а на животе самый большой, будто от ворот. Он как гаркнет на нас: «Пустословы ай богословы?» Горкин говорит ему ласково – мы не величаемся, а как Господь. Старик и давай молоть:

– Отмаливаю за всех! Замкну-отомкну, ношу грехи, во сколько! Этот пять лет ношу, кабатчиков, с Серпухова! на нем кровь, кро-овь. А это бабьи грехи, укладочные, все мелочь… походя отмыкаю-замыкаю… от духа прохода нет от ихнего, кошачьего. С вас мне нечего взять, сами свое донесете!

А на Домну Панферовну осерчал:

– Ты, толстуха, жрать да жрать? Давай твой замчище… замкну и отомкну! Поношу, дура, за тебя, осилю… пропащая без меня! Воротный давай, с лабаза!

Домна Панферовна заплевалась и давай старика отчитывать. Святые люди – смиренны, а он хвастун!

– Свою-то грязь посмой! На кирпиче спит на людях, а больную бабенку обидел, бусы порвал! Таких дармоедов палкой надо, в холодную бы…

Горкин успокаивает ее, а она еще пуще на старика, сердца унять не может. Старик как вскинется на нее, словно с цепи сорвался, гремит замками.

– Черт! – кричит, – черт, бес!..

И давай плеваться. Тут и все поняли, что он совсем разум потерял. Приходит монах с пещерок и говорит: «Оставьте его в покое, это от Троицы, из посада, мещанин, замками торговал – и проторговался… а теперь грехи на себя принимает, с людей снимает, носит вериги-замки. Из сумасшедшего дома выпустили его, он невредный».

Смотрим пещерки, со свечками. Сыро, как в погребе, и скользко. И ничего не видно. Монах говорит, что жил в горе разбойник со своей шайкой, много людей губил. И пришел

71

монашек Антоний, и велел уходить разбойнику. А тот ударил его ножом, а нож попал в камень и сломался, по воле Господа. И испугался разбойник, и сказал: «Никогда не промахивался, по тебе только промахнулся». И оставил его в покое. А тот монашек стал вкапываться в гору, и ушел от разбойника в глубину, и там пребывал в молитве и посте. А разбойник в тот же год растерял всю свою шайку и вернулся раз в вертеп свой, весь избитый. И узнал про сие тот монашек, и сказал разбойнику:

«Покайся, завтра помрешь». И тот покаялся. И замуровал его монашек в дальней келье, в горе, а где – неведомо. И с того просветилось место. Сорок лет прожил монашек Антоний один в горе и отошел в селения праведных. А копал девять лет, приняв такой труд для испытания плоти.

Выходим из пещерок, Горкин и говорит: «Что-то я не пойму, плохо монах рассказывает». Ну, Федя и объяснил нам, что все это для пострадания плоти и все-таки монах и разбойников рассеял, а атамана к покаянию привел Спрашиваем монаха: а святой тот, кто гору копал? Монах подумал и говорит, что это неизвестно и жития его нет, а только по слуху передают. Ну, нам это не совсем понравилось, что нет жития, а по слуху мало ли чего наскажут. Одно только хорошо, что гнездо разбойничье прекратилось.

Идем самыми страшными местами. Темные боры сдвинулись, стало глухо. Дорога совсем пустая, редко – проедет кто. И богомольцы реже. Где отходят боры – подступают березовые рощи, с оврагами. В перелесках кукушек слышно – наперебой.

– Кукушечки-то раскуковались… перед грозой, пожалуй?.. – говорит Горкин, оглядывая небо. – Да нет, чисто все. А парит.

– Уж коли парит – где-нибудь туча подпирает… – говорит Антипушка. Кривая-то задотела! И березой как… чи-стые духи, банные. С овражков-то как тянет… это уж дождю быть.

И любками стало пахнуть. А до вечера далеко; а они больше к ночи пахнут, фиалочки ночные. А кукушки… – одна за другой, одна за другой – прямо наперебой, спешат. Мы загадываем, сколько нам лет пожить. Горкину вышло тридцать, а мне, – четыре, сбилась моя кукушечка. Говорят – она еще считать не выучилась.

С нами и старушка с внучкой, так привязались к нам. И нам с ними повеселей. Молодка тоже повеселела, стала чуть с Домной Панферовной говорить. Та ее окликнет: «Параша!» – а молодка ей: «А-я?» А то: «Аюшки?» Федя находит земляничку, дает Параше, а та ничего – скусит и улыбнется. Все смеются на Федю: какой кавалер хороший, а в монахи все трафится. И старушка очень удивилась – молодчик такой, красавчик, а под каблук под черный! А он все Параше земляничку. Домна Панферовна ему и посмеялась:

– Найди такую себе кралечку в Москве – и женись, и будешь ее земляничкой кормить… а эта чужая, муж есть.

Федя как будто испугался и убежал от дороги в лес. Насилу мы его дозвались – страшно без него-то, места глухие… Кащеевка сейчас.

Проходим Кащеевкой, где зарезали щепетильщика. Спрашиваем у тамошних, как зарезали щепетильщика, поймали ли? Говорят – и не слыхали даже. Был, говорят, коробейник-щепетильщик намедни тут – на Посад пошел. А мужик вот проезжий сказывал… – на Посаде один мужчина зарезался в трактире, в больницу его свезли, – с того, может, слух и пошел. А тут место самое тихое.

И правда, совсем не страшно. Говорят, медведика видали в овсах, пошел – запрыгал-закосолапил. А мы и не видали. Ну, говорят, может, еще увидите, тут их сила.

Долго идем, а медведика все не видно. За Рахмановой сворачиваем с дороги – на Хотьково. Места тут уж самые глухие. Третий час дня: как раз к вечерням и попадем к родителям Преподобного. А дорога тяжелая, овраги. Сильно парит, все истомились, Кривая запинается, И вот – будто за нами… гром?..

– Никак громком погромыхивает?.. – оглядывается Горкин. – Э-э… гляди-ка, чего делается-то… к Москве-то как замолаживает! О-о-о… гроза на нас гонит, братики, дойтить бы успеть только. Погоняй, погоняй Кривую, Антипушка!.. Мы с Анютой в тележке. Небо за нами темное, давит жаром. Вот парить-то начало с утра – к грозе. С оврагов тянет медовыми цветами.

– Гляди, Кривая чего разделывает… ушками как стрижет! это она громка боится… – нукая, говорит Антипушка. – А ты, дурашка, не бойся… дождичком-то помоет – будешь хорошая. Смокла как, запотела.

Гром теперь ясно слышен, раскатами. Синее к Москве, за нами, и черное из-за лесу, справа. Я вижу молнию, и Анюта видит, – будто огненная веревка, спуталась и ушла под тучу. Скорее бы до Хотькова дотянуться. Гром уж будто и впереди, – словно шары катают.

– Ка-ак раскатилось-то!.. – говорят. – Круговая гроза идет, страшная, не дай Бог!.. О-о-о, отовсюду нахлобучивает!..

И опять я вижу золотую веревочку на туче – мигнула только. Встречный мужик в телеге кричит:

– А вы поторапливайтесь! покос вон монастырский, сено монашки убирают-спешат… к сарайчику добирайтесь! У, грозища идет, совсюду нахлобучивает как… не дай Бог, град!..

Он вытаскивает из-под себя рогожу и накрывается.

– Неужто с градом, холодом как подуло?.. – Антипушка снимает шапку и крестится. – Гляди-ка, туча-то с бородой… как бы не подмела.

Едем березами, чистой рощей. Кукушки и там, и там – кукуют, как очумелые, от грозы. Густо пахнет березой, сеном, какими-то горькими цветами. Кривая сама торопится, грозы боится. Вон и покос, лужайка. Монашки быстро мотают граблями, сгребают сено в валы и копны. Совсем стемнело: черная над нами туча, с белыми клочьями – «с бородой». С клочьев стегают молнии, бьют в березы. Анюта тычется головой, кричит:

– Ой, бабушка, боюсь!..

Совсем нависло, цепляет за березы, сухо трещит, словно ворох лучины бросили… и вот – оглушает громом, будто ударило в тележку. Все крестятся и шепчут «Свят-свят-свят, Господь-Саваоф…» Катится долго гром, и опять вспыхивает-слепит, и опять грохает, до страху. Набегает за нами шорохом – это ливень. Нам машут с луга монашки – скорей, скорей!

Первые капли падают, крупные, как градины. На выкошенном лугу рядами темнеют копны, синеют-белеют трудницы: синие на них платья и белые платочки. Рысью мы доезжаем до навеса, бежим укрыться. Дождь припускает пуще. Старушка монахиня приветливо говорит:

— Перегодите дождичок-то, спаси вас Господи.

Горкин спохватывается: мешки-то в телеге смокнут! Федя бежит к телеге, схватывает мешки – весь мокрый Кривая стоит под ливнем, развесив уши, вся склизкая. Будто болото под телегой. Антипушка доволен – ничего, поосвежит маленько, для Кривой это хорошо, погода теплая.

С веселым криком бегут трудницы по лугу, как будто в сетке.

— Сороки-то мои, глупые… ах, глупые!.. – смеется старушка монахиня.

Будто летят в дожде бело-синие птицы по лугу. Уж не ливень, а проливень – леса совсем не видно. Блещет, гремит и льет. Огромная лужа у навеса – зальет, пожалуй, и куда мы тогда все денемся, надо на крышу лезть Хочется, чтобы подольше лило. Трудницы выскакивают под ливень, умываются дождиком и крестятся. Грохает прямо над сараем. Монахиня говорит, крестясь:

— Свят-свят-свят… Ах, благодать Господня… хорошо-то как стало, свежо, дышать легко!.. Свят-свят…

Гром уже тише, глуше. Пахнет душистым сеном и теплым лугом, парок курится. Слышно под уходящий ливень, как благовестят в монастыре к вечерням.

— Уж заночуйте у родителей Преподобного, – говорит нам монахиня, помолитесь, панихидку по родителям отслужите, схимонаху Кириллу и схимонахине Марии.

И услышит вашу молитву Преподобный. У нас хорошо, порядливо… под Покровом Владычицы обитаем. Родители-то у нас под спудом… кутьицей сытовой родителей помяните, спаси вас Господи. Рукодельица наши поглядите, кружевки, пояски… деткам мячики подарите лоскутные с вышивкой, нарядные какие…

В Хотькове мы ночуем.

Утро, тепло и пасмурно. Дали смутны. Мы – «у Креста», на взгорье. В часовне – великий крест. Монах рассказывает, что отсюда, за десять верст до Троицы, какой-то святой послал поклон и благословение Преподобному, а Преподобный духом услышал и возгласил: «Радуйся и ты, брате!» Потому и поставлен крест. Рассказывает еще, что видят отсюда, кого сподобит, троицкую колокольню, будто розовую свечу, пасхальную.

Мы стоим «у Креста» и смотрим: синие, темные боры. Куда ни гляди – боры. Я ищу колоколенку – розовую свечу, пасхальную. Где она? Я всматриваюсь по дали, впиваюсь за темные боры и вижу… вижу, как вспыхивает искра, бьется-дрожит в глазах. Закрываю глаза – и вижу: золотой крест стоит над борами, в небе. Розовое я вижу, в золоте, – великую розовую свечу, пасхальную. Стоит над борами, в небе. Солнце на ней горит. Я так ее ясно вижу! Она живая, светит крестом – огнем.

– Вижу, вижу! – кричу я Горкину.

Он не видит. И никто не видит. Не видит и Анюта даже.

– Где ж увидать, пасмурь кака… – говорит Горкин из-под ладони, невесело, – да и глаза не те уж.

Монах говорит, что это – как сподобит. Бывает – видят. Да редко отсюда видно, поближе надо. А я-то видел. Говорю, что розовая свеча, до неба, и крест золотой на ней. Но мне не верят: помстилось так. Я стараюсь опять увидеть, закрываю глаза… – и слышу:

– Нагнал-таки!..

Отец!.. Скачет на нас, в белой своей кургузке, в верховке-шапочке, ловкий такой, веселый. Спрыгивает с Кавказки – и не может стоять, садится сразу на корточки, – так устал. Сидит все и разминает ноги. Я кидаюсь к нему, от радости. Он вскидывает меня, и я кричу ему в дочерна загоревшее лицо, что видел сейчас свечу… розовую свечу, пасхальную! Он ничего не понимает – какую еще свечу! Я рассказываю ему, что это кого сподобит… видят отсюда колоколенку – Троицу, – «как розовая свеча, пасхальная!» Он целует меня, называет выдумщиком и кому-то кричит, за нами:

– Эй, девчонка… земляника у тебя, что ли?..

И покупает целое лукошко земляники, душистой, спелой. Мы сидим прямо на траве, хотя еще очень сыро, и все едим землянику из лукошка. Отец кормит меня из горсти, шлепает по щекам – играет. Пахнет от его рук поводьями, черным, сапожным варом и спелой земляникой, – чудесно пахнет! Рассказывает, как проскакал-то лихо: в половине шестого из Москвы выехал, а сейчас девять только. Все удивляются. Покупает еще лукошко, угощает и ест горстями; катятся землянички по пиджаку. Говорит о Звенигороде, что успел побывать у Саввы Преподобного, застал обедню… о рощах у Васильчиковых в Коралове: «Такие-то рощи взял!» Полтораста верст проскакал – устал.

– Ну, поскачу поспать. В монастырской гостинице найдете… – И скачет на взмыленной Кавказке.

Будто прошло виденьем.

– О-гонь!.. – всплескивает руками Горкин, – и был, и нет!..

Я смотрю на грязную дорогу, на темнеющие боры по дали. Ни отца, ни розовой колоколенки, ни искры.

– Дай-ка, я те вытру… весь лик у те земляничный, папашенька как уважил… – смеется Горкин и вытирает меня ладонью. – И был, и не был!

Я смотрю на лукошко с земляникой… – будто прошло виденьем.

Под Троицей

Троица совсем близко. Встречные говорят:

– Вон на горку подняться – как на ладоньке вся Троица!

Невесело так плетутся: домой-то идти не хочется. Мы-то идем на радость, а они уж отрадовались, побывали-повидали, и от этакой благодати – опять в мурью. Что же, пожили три денька, святостью подышали, – надо и другим дать место. Сидят под елками – крестики, пояски разбирают, хлебца от Преподобного вкушают, – ломтем на дорожку благословил. На ребятках новые крестики надеты, на розовых тесемках, – серебрецом белеют.

Спрашиваем: ну, как… хорошо у Троицы, народу много? Уж так-то, говорят, хорошо… и надо бы быть лучше, да некуда. А какие поблаголепней – из духовного причитают:

– Уж так-то благоуветливо, так-то все чинно-благоподатливо да сладкогласно… не ушел бы! А народу – полным-полнехочко.

– Да вы, – говорят, – не тревожьтесь, про всех достанет. А чуть нестача какая – похлебочки ли, кашки, – благословит отец настоятель в медном горшке варить, что от Преподобного остался, – черпай-неочерпаемо!

Радостная во мне тревога. Троица сейчас… какая она, Троица? Золотая и вся в цветах? Будто дремучий бор, и большая-большая церковь, и над нею, на облачке, золотая икона – Троица. Спрашиваю у Горкина, а он только и говорит: «А вот увидишь».

Погода разгулялась, синее небо видно. Воздух после дождя благоуханный, свежий. От мокрого можжевельника пахнет душистым ладаном. Домна Панферовна говорит – в Ерусалиме словно, кипарисовым духом пахнет. Там кипарис-древо, черное, мохнатое, как наша можжевелка, только выше домов растет. Иконки на нем пишут, кресты из него режут, гробики для святых изготовляют. А у нас духовное дерево можжевелка, под иконы да под покойников стелют.

Веселые луговинки полны цветов – самая-то пора расцвета,

июнь месяц. В мокрой траве, на солнце, золотятся крупные бубенцы, никлые от дождя, пушистые, потрясешь над ухом – брызгают-звенят. Стоят по лесным лужайкам, как тонкие восковые свечки, ночнушки-любки, будто дымком курятся, ладанный аромат от них. И ромашки, и колокольчики… А к Вифании, говорят, ромашки… – прямо в ладонь ромашки!..

Анюта ползает по лужкам в росе, так и хватает любки. Кричит, за травой не видно:

– Эти, бабушка, какие в любовь присушивают, в запазушку кладут-то?..

А Домна Панферовна грозится:

– Я тебя, мокрохвостая, присушу!

Не время рвать-то, Троица сейчас, за горкой. Кривая все на лужки воротит. И Горкин нет-нет – и остановится, подышит:

– Ведь это что ж такое… какое же растворение! Прямо-те не надышишься… природа-то Господня. Все тут исхожено Преподобным, огляжено. На всех-то лужках стоял, для обители место избирал.

Федя говорит, как Преподобный, отроком когда был, лошадку потерял-искал, а ему старец святой явился и указал: «Вон пасется твоя лошадка!» – и просвиркой благословил. Антипушка и говорит:

– Ишь, с лошадкой тоже хозяйствовал, не гнушался.

– Как можно гнушаться, – говорит Горкин радостно, – он и с топориком трудился, плотничал, как и мы вот. Поставит мужичку клеть там, сенцы ли – денег нипочем не возьмет! «Дай, – скажет, – хлебца кусочек, огрызочков каких лишних, сухих… с меня и будет». Бедных как облегчал, сердешный был. С того все и почитают, за труды-молитвы да за смирение. Ну до чего ж хорошо-то, Господи!..

Федя идет босой, сапоги за спиной, на палочке. Совсем обезножел, говорит. И скучный. И сапоги у него разладились – подметки с дождя, что ли, отлетели. Поутру в Хотькове Горкину говорил, что у Троицы сапоги покупать придется, босого-то к архимандриту, пожалуй, не допустят – в послушники проситься. Горкин и пошутил:

– А ну-ка скажет архимандрит – ай сапоги-то пропил?

А Домна Панферовна и говорит тут:

— С чего ты это по сапогам соскучился? ай есть кому на тебя смотреть, пощеголять перед кем?

А это она – потом уж сама сказала – над Федей пошутила, что внучке старушкиной земляничку все набирал. Вот он и заскучал от утра, что сапоги-то, не миновать, надо покупать. А старушка с молодкой в Хотькове поотстали, иеромонах там взялся отчитывать над внучкой, для поправки. За дорогу-то попривыкли к ним, очень они приятные, – ну, и скучно. Смотрит на лужок Федя – и говорит:

— Эх, поставить бы тут келейку да жить!

А Домна Панферовна ему, в шутку:

— Вот и спасайся, и сапог лаковых не надо. А поодаль еще кому поставишь, земляничку будешь носить, ради души спасения.

Федя даже остановился и сапоги уронил.

— Грех вам, Домна Панферовна, – говорит, – так про меня думать. Я как сестрице братец… а вы мысли мои смущаете.

А она на язык востра, не дай Бог:

— Нонче сестрица, а завтра – в глазах от нее пестрится! Я тебя от греха отвела, бабушке пошептала, чтоб отстали. И кралечка-то заглядываться стала… на твои сапоги!

Горкин тут рассердился, что не по этому месту такие разговоры неподобные, и скажи:

— Это ты в свахах в Москве ходила – и набралась слов, нехорошо.

И стали ссориться. Антипушка и говорит, что отощали мы от пощенья, на одних сухариках другой день, вот и расстроились. А на Домну Панферовну бес накатил, кричит на Антипушку:

— Ты еще тут встреваешься! На меня командеров нет!.. Я сто дней на одних сухариках была, как в Ерусалим ходила… и в Хотькове от грибной похлебки отказалась, не как другие… во святые-то просятся!

Горкин ей говорит, что тут во святые никто не просится, а это уж как Господь соизволит… и что и он от похлебки отказался, а копченой селедки в уголку не грыз, как люди спать полегли.

Ну, тут Домна Панферовна и приутихла.

– И нечего спориться, – Горкин-то говорит, – кто может – тот и вместит, в Писаниях так сказано. А поговеем, Господь сподобит, – в «блинных» у Троицы заправимся, теперь недолго.

И все мы повеселели, и Федя даже. Мы с Анютой рвем для Кривой цветочки, и она тоже рада, помаргивает – жует. А то бросит жевать и дремлет, висят на губе цветочки. А то присядем – и слушаем, как тихо, пчелки только жужжат-жужжат. Шишечка упадет, кукушка покукует – послушает. И вот будто далёко… – звон?..

– Благовестят, никак… слыхал?.. – прислушивается Горкин и крестится. – А ведь это у Троицы, к «Достойно» звонят… горкой-то приглушает?.. У Троицы. Самый ее звон, хороший такой, ва-жный…

Нет, только кукушку слышно, голосок ей дождем обмыло, – такая гулкая. А будто и звон?.. За горкой сейчас откроется.

Федя уже на горке, крестится… – Троицу увидал? Я взбегаю и вижу… Троица?.. Блеск, голубое небо – и в этом блеске, в голубизне, высокая розовая колокольня с сияющей золотой верхушкой! Верхушка дрожит от блеска, словно там льется золото. Дальше – боры темнеют. Ровный, сонный как будто, звон.

Я слышу за собой тяжелое дыханье, вздохи. Горкин, без картуза, торопливо взбирается, весь мокрый, падает на колени, шепчет:

– Тро-ица… ма-тушка… до-шли… сподобил Господь…

Потирает у сердца, крестится, с дрожью вжимая пальцы. Я спрашиваю его, где Троица? Его голова трясется, блестит от поту; надавка от картуза на лбу кажется темной ниткой.

– Крестись, голубок… – говорит он устало, слабо, – вон Троица-то наша…

Я крещусь на розовую колокольню, на блистающую верхушку с крестиком, маленьким, как на мне, на вспыхивающие пониже искры. Я вижу синие куполки, розовые стены, зеленые колпачки башенок, домики, сады... Дальше – боры темнеют.

Все вздыхают и ахают – Господи, красота какая! Все поминают Троицу. А я не вижу, где Троица. Эта колокольня – Троица? блистающая ее верхушка?

Я спрашиваю – да где же Троица?! Горкин не слышит, крестится. Антипушка говорит:

– Да вон она, вся тут и есть Троица!

Я тяну Горкина за рукав. Он утирает слезы, прихватывает меня, радуется, плачет и говорит-шепчет:

– Дошли мы с тобой до Троицы, соколик... довел Господь. Троица... вон она... вся тут и Троица, округ колокольни-то, за стенами... владение большое, самая Лавра-Троица. Во-он, гляди... от колокольни-то в левой руке-то будет, одна главка золотенька... самая Троица тут Живоначальная наша... соборик самый, мощи там Преподобного Сергия Радонежского, его соборик. А поправей колокольни, повыше-то соборика, главки сини... это собор Успенья. А это – посад, домики-то под Лаврой... Сергиев посад зовется. А звон-то, звон-то какой, косатик... покойный, ва-жный... Ах, красота Господня!..

Я слышу ровный, сонный как будто, звон.

Подбегает мальчик с оладушком, кричит нам:

– Папаша вас зовет в гости!.. на дачу!.. – И убежал.

Какой папаша? Смотрим – а это от Спаса-в-Наливках дьякон, со всей своей оравой. Машет красным платком из елок, кричит, как в трубу, зычно-зычно:

– Эй, на-ши, замоскворецкие!.. в гости ко мне, на дачу!..

Надо бы торопиться, а отказаться никак нельзя: знакомый человек, а главное – что лицо духовное. Смотрим – сидят под елками, как цыганы, и костерок дымится, и телега, огромная, как барка. И всякое изобилие закусок, и квас бутылочный, и даже самоварчик! Отец дьякон – веселый, красный, из бани словно, в летнем подряснике нараспашку, волосы копной, и на нем ребятишки виснут, жуют оладушки. Девочки все в веночках, сидят при матери. Дьяконица такая ласковая, дает мне оладушек с вареньем, велит девочкам угощать меня. Так у

82

них хорошо, богато, белорыбицей и земляникой пахнет, жарятся грибы на сковородке – сами набрали по дороге, – и жареный лещ на сахарной бумаге. Дьякон рассказывает, что это сами поймали в Уче, с пушкинским батюшкой, по старой памяти бредешком прошлись. Лошадь у них белая, тяжелая, ломовая, у булочника для богомолья взяли. Едут уж третий день, с прохладцей, в лесу ночуют, хоть и страшно разбойников. А на случай и лом в телеге.

Дьякон всех приглашает закусить, предлагает «лютой перцовки», от живота, – всегда уж прихватывает в дорогу, от холеры, – но Горкин покорно благодарит:

– Говеем, отец дьякон… никак нельзя-с!

И ни лещика, ничего. Дьякон жмет-трясет Горкина, смеется:

– А-а, подстароста святой… прежде отца дьякона в рай хочешь? Вре-ошь!

И показывает за елки:

– Вон грешники-то самые отчаянные, как их пораскидало… любимые-то твои! Ну-ка, пробери их, Панкратыч. В Пушкине мужики за песнопения так заугощали. На телегах помчали, а тут и свалили, я уж позадержал. А то прямо к Троице везти хотели, из уважения.

А это наши васильевские певчие в елках спят, кто куда головой, – под Мытищами их видали: Ломшаков и Батырин с Костиковым. Дьякон шутит:

– На тропарях – на ирмосах так и катятся всю дорогу, в рай прямо угодят!

Дьяконица все головой качает и отнимает у дьякона графинчик:

– Сам-то не угоди!

Пожалели мы их, поохали. Конечно, не нам судить, а все-таки бы посдержаться надо. Ломшачок только-только из больницы выписался – прямо у смерти вырвался Дьякон Горкину белорыбицы в рот сует, кричит:

– Нипочем без угощенья не отпущу!

Уж дьяконица его смирила:

– Да отец… да народ ведь смотрит! да постыдись!..

Только бы уйти впору, а она расспрашивает, не случилось ли чего в дороге, – вон, говорят, у Рахманова щепетильщик купца зарезал, и место они видали, трава замята, – лавочник говорил. Ну, мы ей рассказали, что это неправда все, а в Посаде один зарезался. А она все боялась, как в лесу-то заночевали, да дождик еще пошел. Дьякон-то хоть и очень сильный, а спит как мертвый: за ноги уволокут – и не услышит. И что же еще, оказывается. Говорит – двух воров в Яузе парень один топил, лаковы сапоги с сонного с него сняли... ну, нагнал, отбил сапоги, а их в Яузу покидал, насилу выплыли. Народ по дороге говорил – видали сами.

Ну, мы ей рассказали, как было дело, что это самый вот этот Федя богохульников в речке наказал, а лаковы сапоги расслабному пареньку пожертвовал. Дьяконица стала его хвалить, стала им любоваться, а Федя ни словечка не выговорит. Дьякон его расцеловал, сказал:

– Быть тебе ве-ли-ким подвижником!

Будто печать на лице такая, как у подвижников. А тут и певчие пробудились, узнали нас, ухватились за Горкина и не отпускают: выпей да выпей с ними!

– Ты, – говорят, – самый наш драгоценный, тебе цены нет... выпьем все за твое здоровье, да за отца дьякона, да за матушку дьяконицу и тебе любимое пропоем – «Ны-не отпущаеши раба Твоего»... и тогда отпустим!

Никак не вырвешься. И отец дьякон за Горкина уцепился, на колени к себе голову его прижал – не отпускает. Дьяконица уж за нас вступилась, заплакала, а за ней девочки в веночках заплакали.

– Что же это такое... погибать мне с детьми-то здесь?!

Ну, стали мы ее утешать, Горкин уж листик белорыбицы за щеку положил, съел будто, и перцовки для виду отпил – зубы пополоскал и выплюнул. Очень они обрадовались и спели нам «Ныне отпущаеши». И так-то трогательно, что у всех у нас слезы стали, отец дьякон разрыдался. И много народу плакало из богомольцев, и даже копеечек наклали. А которые самые убогие... – им отец дьякон сухариков отпускал по горсти, «из бедного запасца»: целый мешок на телеге был у него, для

84

нищих. Хотели еще свежими грибками угощать и самовар ставить – насилу-то вырвались мы от них, чтобы от греха подальше.

Горкин и говорит, как вырвались да отошли подальше:

– Ах, хороший человек отец дьякон, ду-ша человек. Знаю его, ни одного-то нищего не пропустит, последнее отдаст. Ну, тут, на воздухе, отдыхает, маленько разрешает… да Господь простит.

А Домна Панферовна стала говорить: как же это так, лицо духовное, да еще и на богомолье… – напротив Горкину. А Горкин ей объясняет, через что бывает спасение: грех не в уста, а из уст!

– Грех, это – осудить человека, не разобрамши. И Христос с грешниками пировал, не отказывал. А дьякон богадельню при церкви завел, мясника Лощенова подбил на доброе дело. И певчие люди хорошие, наянливы маленько только… а утешение-то какое, народ-то как плакал, радовался! Прости Ты им, Господи. А мы не судьи. Ты вон и женский пол, а на Рождестве как наклюкалась… я те не в осуду говорю, а к примеру.

Сказал от души, а он-то уж тут как тут.

Домна Панферовна закипела и Давай, давай все припоминать, что было. То, да то, да это, да вот как на свадьбе гробовщика Базыкина, годов пятнадцать тому, кого-то с лестницы волокли… Горкин задрожал было на нее так руками – потом затряс головой и закрылся, не видеть чтобы. И так его жалко стало, и Домна Панферовна стала махать и плакаться, и богомольцы стали подходить. И тут Федя заплакал и упал на коленки перед нами – и всех тут перепугал. Говорит, в слезах:

– Это от меня пошел грех, я вас смутил-расстроил… земляничку собирал, с того и разговор был давеча… а у меня греха в мыслях не было… простите меня, грешного, а то тяжело мне!..

И – бух! – Горкину в ноги. Стали его подымать, а он и показывает рукой вперед:

– Вот какой пример жизни!..

Глядим – а меж лесочками, как раз где белая дорога идет,

колокольня-Троица стоит, наполовину видно, – будто в лесу игрушка. И говорит Федя:

– Вот, перед Преподобным, простите меня, грешного!

Так это нас растрогало – как чудо! Будто из лесу-то сам Преподобный на нас глядит, Троица-то его. И стали все тут креститься на колоколенку, и просить прощенья у всех, и в ноги друг дружке кланяться, перед говеньем. А тут еще богомольцы поодаль были. Узнали потом, почему мы друг дружке кланялись, и говорят:

– Правильные вы, глядеть на вас радостно. А то думалось, как парень-то упал, – вора, никак, поймали, старичка, что ли, обокрал, босой-то, ишь как прощенья просит! А вы вон какие правильные.

Позадержались так-то, а Кривая пошла себе, насилу-то мы ее догнали.

А тут уж и Посад виден, и Лавра вся открывается, со всеми куполами и стенами. А на розовой колокольне и столбики стали обозначаться, и колокола в пролетах. И не купол на колокольне, а большая золотая чаша, и течет в нее будто золото от креста, и видно уже часы и стрелки. И городом уж запахло, дымком от кузниц.

Горкин говорит – сейчас первым делом Аксенова надо разыскать, свой дом у него в Посаде – Трифоныч Юрцов на записке записал, – игрушечное заведение у него, все его тут знают, из старины. У него и пристанем по знакомству, строение у него богатое, Кривую есть где поставить, и от Лавры недалеко. А главное – человек редкостный, раздушевный.

Идем по белой дороге, домики уж пошли, в садочках, и огороды с канавами, стали извощики попадаться и подводы. Извощики особенные, не в пролетках, а троицкие, широкие, с пристяжкой. Едет возчик, везет лубяные короба. Спрашиваем – дом Аксенова в какой стороне будет? А возчик на нас смеется:

– Ну, счастливы вы… я от Аксенова как раз!

Спрашивает еще, какого нам Аксенова, двое их: игрушечника Аксенова или сундучника? Сказали мы. Оказывается, в коробах-то у него игрушки, везет в Москву.

Показывает нам, как поближе. Такая во мне радость: и Троица, и игрушки, и там-то мы будем жить!

А колокольня все вырастает, вырастает, яснеет. Видно уже на черных часах время, указывает золотая стрелка. И вот мы слышим, как начинают играть часы – грустными переливами, два раза.

К вечерням и добрались, как раз.

У Троицы на Посаде

Прощай, дорожка... – пошла на Лавру и дальше, на города, борами.

Мы – в Посаде, у Преподобного. Ходим по тихим уличкам, разыскиваем игрушечника Аксенова, где пристать. Торопиться надо – меня на гостиницу отвести, папашеньке передать с рук на руки, Горкину надо в баню сходить помыться после дороги, перед причастием, да Преподобному поклониться, к мощам приложиться, да к Черниговской, к старцу Варнаве, сбегать поисповедаться, да всенощную захватить в соборе, – а тут путного слова не добьешься, одни мальчишки. Спрашиваем про Аксенова, а они к овражку куда-то посылают, на бугорок, где-то за третьей улицей. А мы измучились, затощали, с утра в рот ничего не брали, жара опять... Домна Панферовна сунулась попросить напиться, а на нее из ворот собака – и ни души. И возчик-то путем не сказал, а – ступайте и спрашивайте Аксенова, всякий его укажет! А всякого-то и нет. Стучим в ворота – не отзываются. А где-то варенье варят, из сада пахнет – клубничное варенье, – и будто теплыми просфорами или пирогами?.. – где-то люди имеются. Горкин говорит – час-то глухой: в баню, гляди, ушли, суббота нынче; а которые, пообедавши, спят еще, да и жарко, в домах, в холодке, хоронятся. Самая-то кипень у Лавры, а тут затишье, посад, жизнь тут правильная, житейская, торопиться некуда, не Москва.

Улицы в мягкой травке, у крылечек «просвирки» и лопухи, по заборам высокая крапива, – как в деревне. Дощатые переходы заросли по щелям шелковой, такой-то густой и свежей, будто и никто не ходит. Домики все веселые, как дачки, – зеленые, голубые; в окошках цветут гераньки и фуксии и стоят зеленые четверти с настоем из прошлогодних ягод; занавески везде кисейные, висят клетки с чижами и канарейками, – и все скворешники на березах. А то старая развалюшка попадется, окна доской зашиты. А то – каменный, облупленный весь, трава на крыше. Сады глухие, с гвоздями на заборах, чтобы не лазили яблоки воровать; видно зеленые яблочки и вишни. Высоко змей стоит, поблескивает на солнце, слышно – трещит трещоткой. И отовсюду видно розоватую колокольню-Троицу: то за садом покажется, то из-за крыши смотрит – гуляет с нами. Взглянешь – и сразу весело, будто сегодня праздник. Всегда тут праздник, словно Он здесь живет.

Анюта устала, хнычет:

– Все животики, бабушка, подвело... в харчевенку бы какую!..

А Домна Панферовна ее пихает: вызвалась – и иди! И Федя беспокоится. В лесу-то разошелся, а тут, на посаде, и заробел:

– Ну, как я босой – да в хороший дом? Только я вас свяжу, в странноприимную пойду лучше.

Ноги у него в ссадинах, сапоги уж не налезают, да и нечему налезать, подметки отлетели. А мне к Аксенову хочется, к игрушкам. И Антипушка говорит – надо уж добиваться, Трифоныч-то хвалил: и обласкает, и Кривую хорошо поставим, и за добришко-то не тревожиться, не покрадут в знакомом месте. Горкин уж и не говорит ничего, устал. Прошли какую-то улицу, вот Домна Панферовна села на травку у забора и сипит, – горло у ней засохло:

– Как хотите, еще квартал пройдем... не найдем – на гостиницу мы с Анюткой, за сорок копеек хорошую комнату дадут.

Посидели минутку – Горкин и говорит:

– Ладно, последний квартал пройдем, не найдем – на гостиницу все пойдем, не будем уж разбиваться... а Кривую на постоялый, а может, и монахи куда поставят.

Слышим из окошка – кукушка на часах три прокуковала. Стали в окошко выкликивать – никого, чижик только стучит по клетке, чисто все померли. Через домик, видим, – старик из ворот вышел, самоварчик вытряхивает в канавку. Спрашиваем его, а он ничего не слышит, вовсе глухой. В ухо ему кричим – где тут Аксенов проживает? А он ничего не понимает, шамкает: «Мы овсом не торгуем». И ушел с самоварчиком.

Глядим – стоит у окошка девочка за цветами, выглядывает на нас, светленькая, как ангельчик, и быстро так коску заплетает. Подходим, а она испугалась, что ли, и спряталась. Горкин стал ее вызывать:

– Барышня, косаточка… и где тут игрушечник Аксенов, пристать нам надо… пожалуйста, скажите, сделайте милость!..

Схоронилась – и не показывается. Постояли – пошли. Только отошли – кто-то нас окликает, да строго так. Глядим – из того же окошка высунулся растерзанный какой-то, в халате, толстый, глазами не глядит, сердитый такой, и у него тарелка красной смородины:

– Это зачем вам Аксенова?

Говорим – так и так, а он смородину ест, ветки на нас кидает, и все похрипывает – ага, ага. Стал доискиваться – да кто мы такие, да где в Москве проживаем, да много ли дён идем… да небось, говорит, жарко было идти… да что ж это у вас лошадь-то без глаза, да и тележонка какая ненадежная, где вы только такую разыскали?.. Горкин его просит – сделайте нам такое одолжение, скажите уж поскорей, мы пойдем уж, – а он на окошке присел, и все расспрашивает и расспрашивает, и смородину ест.

– Да вам, – спрашивает, – какого Аксенова, большого или маленького?

И стал нам объяснять, что есть тут маленький Аксенов, – этот троицкие сундучки работает и разную мелкую игрушку, а больше сундучки со звоночками, хорошие сундучки… потому его и зовут сундучником. А то есть большой Аксенов, который настоящий игрушечник… он и росту большого, и богатый, сравнить нельзя его с маленьким Аксеновым… даже и в Сибирь игрушки загоняет, внук у него этим делом орудует, а сам он духовным делом больше занимается, ихнего прихода староста, уважаемый… но только он богомольцев не пускает, с этого не живет, и не слыхано даже про него такое, и даже думать невозможно!

– Вы, – говорит, – что-то путаете… вам, верно, сундучник нужен, подумайте хорошенько!..

Увидал нас с Анютой и смородинки по веточке выкинул. Мы ему говорим, что и мы тоже люди не последние, не Христа ради, а по знакомству, сродственник Аксенова нас послал.

Горкин ему еще объяснил, что и мы тоже старосты церковные, из богатого прихода, от Казанской, и свои дома есть…

— А большие дома? — спрашивает, — до той стороны будет?

Нет никакой силы разговаривать. Горкин ему про Трифоныча сказал — Аксенов, мол, нашему Трифонычу сродни и Трифоныч у нас лавочку снимает, да второпях-то улицу нам не записал на бумажку, а сказал — Аксенова там все знают, игрушечника, а не сундучника!

— Очень, — говорит, — всем нам обрадуется, так и Трифоныч сказал. К нему даже каждый праздник Саня-послушник, Трифоныча внук, из Лавры в гости приходит.

Тот смородину доел, повздыхал на нас и показывает на Федю:

— И босой этот тоже с вами в гости к Аксенову? и Осман-паша тоже с вами?

— Какой Осман-паша?.. — спрашивает его Горкин: совсем непонятный разговор стал.

— А вот турка-то эта толстая, очень на Осман-пашу похожа… у меня и портрет есть, могу вам показать.

И стал смеяться, на всю-то улицу. А это он про Домну Панферовну, что у ней голова полотенцем была замотана, от жары. Мы тоже засмеялись, очень она похожа на Осман-пашу: мы его хорошо все знали. А она ему: «Сам ты Осман-паша!» Ну, он ничего, не обиделся, даже пожалел нас, какие мы неприглядные, как цыганы.

— Жалко мне вас, — говорит, — и хочу вас остеречь… ох, боюсь, путаете вы Аксеновых! И может быть вам через то неприятность. Он хоть и душевный старик, а может сильно обидеться, что к нему на постой, как к постояльщику. Ступайте-ка вы лучше к сундучнику, верней будет. Ну, как угодно, только про меня не сказывайте, а то он и на меня обидится, будто я ему на смех это. Направо сейчас, за пожарным двором, что против церкви, дом увидите каменный, белый, в тупичке. Только лучше бы вам к сундучнику!..

Только отошли, Домна Панферовна обернулась, а тот глядит.

— Делать-то тебе нечего, шелапут! — И плюнула.

А он ей опять: «Турка! Осман-паша!» Горкин уж побранил ее – скандалить сюда пришли, что ли! За угол свернули, а тут баба лестницу на парадном моет, на Федю с тряпки выхлестнула. Стала ахать, просить прощения. Узнала, чего ищем, стала жалеть:

– Вам бы к тетке моей лучше пойтить… у овражка хибарочка неподалёчку, и дешево с вас возьмет, и успокоит вас, и спать мягко, и блинками накормит… а Аксенов – богач, нипочем не пустит к себе, и думать нечего! Махонький есть Аксенов, сундучник… он тоже не пускает, а есть у него сестра, вроде как блаженная… ну, она нищих принимает, баньку старую приспособила, ради Христа пускает… а вы на нищих-то словно не похожи.

Совсем она нас расстроила. Стало нам думаться – не про маленького ли Аксенова Трифоныч говорил? Ну, сейчас недалёко, спросим, пожарную каланчу видать.

Идем, Анюта и визжит – в щелку в заборе смотрит:

– Лошадок-то, лошадок… ма-тушки!.. полон-то двор лошадок!.. серенькие все, красивенькие!..

Стали смотреть – и ахнули: лошадками двор заставлен! Стоят рядками, на солнышке, серенькие все, в яблочках… игрушечные лошадки, а как живые, будто шевелятся, все блестят! И на травке, и на досках, и под навесом, и большие, и маленькие, рядками, на зеленых дощечках, на белых колесиках, даже в глазах рябит, – не видано никогда. Одни на солнышке подсыхают, а другие – словно ободранные, буренькие, и их накрашивают. Старичок с мальчишками на корточках сидят и красят, яблочки и сбруйку выписывают… один мальчишка хвостики им вправляет, другой – с ведерком, красные ноздри делает.

И так празднично во дворе, так заманчиво пахнет новенькими лошадками – острой краской, и чем-то еще, и клеем, и… чем-то таким веселым, – не оторвешься, от радости. Я тяну Горкина:

– Горкин, милый, ради Христа… зайдем посмотреть, новенькую купи, пожалуйста… Го-ркин!..

Он согласен зайти, – может быть, говорит, тут-то и есть

Аксенов, надо бы поспросить. Входим, а старичок сердитый, кричит на нас, чего мы тут не видали? И тут же смиловался, сказал, что это только подмастерская Аксенова, а главная там, при доме, и склад там главный. а работают на Аксенова по всему уезду, и человек он хороший, мудрый, умней его на Посаде не найдется, а только он богомольцев не пускает, не слыхано. Погладили мы лошадок, прицелились, да отсюда не продают. Вытащил меня Горкин за руку, а в глазах у меня лошадки, живые, серенькие, – такая радость. И все веселые стали от лошадок.

Вышли опять на улицу – и перед нами прямо опять колокольня-Троица, с сияющей золотой верхушкой, словно там льется золото.

Приходим на площадь, к пожарной каланче, против высокой церкви. Сидят на сухом навозе богомольцы, пьют у басейны воду, закусывают хлебцем. Сидит в холодочке бутошник, грызет подсолнушки. Указал нам на тупичок, только поостерег – не входите в ворота, а то собаки. Велел еще – в звонок подайте, не шибко только: не любит сам, чтобы звонили громко.

Приходим в тупичок, а дальше и ходу нет. Смотрим – хороший дом, с фигурчатой штукатуркой, окна большие, светлые, бемского стекла, зеркальные, – в Москве на редкость; ворота с каменными столбами, филенчатые, отменные. Горкин уж сам замечательный филенщик, и то порадовался: «Сроботано-то как чисто!» И стало нам тут сомнительно, у ворот, – что-то напутал Трифоныч! Сразу видно, что милиенщики тут живут, как же к ним стукнешься. А добиваться надо.

Ищем звонка, а тут сами ворота и отворяются, в белом фартуке дворник творило держит, и выезжает на шарабане молодчик на рысаке, на сером в яблоках, – живая красота, рысак-то! – и при нем красный узелок: в баню, пожалуй, едет. Крикнул на нас:

– Вам тут чего, кого?..

А Кривая ему как раз поперек дороги. Крикнул на нас опять:

– Принять лошадь!.. мало вам места там!..

Дворник кинулся на Кривую – заворотить, а Горкин ему:

– Постой, не твоя лошадка, руки-то посдержи… сами примем!

А молодчик свое кричит:

– Да вы что ж тут это, в наш тупичок заехали – да еще грубиянить?!. Вся наша улица тут! Я вас сейчас в квартал отправлю!..

А Горкин Кривую повернул и говорит, ничего, не испугался молодчика:

– Тут, сударь, не пожар, чего же вы так кричите? Позвольте, нам спросить про одно дело надо, и мы пойдем… – сказал, чего нам требуется.

Молодчик на нас прищурился, будто не видит нас:

– Знать не знаю никакого Трифоныча, с чего вы взяли! и родни никакой в Москве, и богомольцев никаких не пускаем… в своем вы уме?!

Так на нас накричал, словно бы генерал-губернатор.

– Сам князь Долгоруков так не кричат, – Горкин ему сказал, – вы уж нас не пугайте, а то мы ужасно как испугаемся!..

А тот шмякнул по рысаку вожжами и покатил, пыль только. Ну, будто плюнул. И вдруг, слышим, за воротами неспешный такой голос:

– Что вам угодно тут, милые… от кого вы? – Смотрим – стоит в воротах высокий старик, сухощавый, с длинной бородой, как у святых бывает, в летнем картузе и в белой поддевочке, как и Горкин, и руки за спиной под поддевочкой, поигрывает поддевочкой, как и Горкин любит. Даже милыми нас назвал, приветливо так. И чего-то посмеивается, – пожалуй, наш разговор-то слышал.

– Московские, видать, вы, бывалые… – И все посмеивается.

Выслушал спокойно, хорошо, ласково усмехнулся и говорит:

– Надо принять во внимание… это вы маленько ошиблись, милые. Мы богомольцев не пускаем, и родни в Москве у нас нету… а вам, надо принять во внимание, на троюродного братца моего, пожалуй, указали. У него, слыхал я, есть в Москве кто-то дальний, переяславский наш… к нему ступайте. Вот, через овражек, речка будет… там спросите на Нижней улице.

Горкин благодарит его за обходчивость, кланяется так уважительно…

– Уж простите, – говорит, – ваше степенство, за беспокойство…

– Ничего, ничего, милые… – говорит, – это, надо принять во внимание, бывает, ничего.

И все на нашу Кривую смотрит. Заворачиваем ее, а он и говорит:

– А старая у вас лошадка, только на богомолье ездить.

Такой-то обходительный, спокойный. И все прибавляет поговорочку – «надо принять во внимание», – очень у него рассудительно выходит, приятно слушать. Горкин так с уважением к нему, опять просит извинить за беспокойство, а он вдруг и говорит, скоро так:

– А постойте-ка, надо принять во внимание… тележка?.. откуда у вас такая?.. Дайте-ка поглядеть, любитель я, надо принять во внимание…

Ну, совсем у него разговор – как Горкин. Ласково так, рассудительно, и так же поокивает, как Горкин. И глаз тоже щурит и чуть подмаргивает. Горкин с радостью просит: «Пожалуйста, поглядите… очень рады, что по душе вам тележка наша, позапылилась только». Рассказывает ему, что тележка эта старинная. «От его дедушки тележка, – на меня ему показал, а он на тележку смотрит, – и даже раньше, и все на тележку радуются-дивятся, и такой теперь нет нигде, и никто не видывал». А старик ходит округ тележки, за грядки трогает, колупает, оглядывает и так, и эдак, проворно так – торопится, что ли, отпустить нас.

– Да-да, так-так… надо принять во внимание… да, тележка… хорошая тележка, ста-ринная…

Передок, задок оглядел, потрогал. Бегает уж округ тележки, не говорит, пальцы перебирает, будто моет, а сам на тележку все. И Горкин ему нахваливает – резьба, мол, хорошая какая, тонкая.

— Да… — говорит, — тележка, надо принять… работка редкостная!..

Присел, подуги стал оглядывать, «подушки»…

— Так-так… принять во внимание… — пальцами так по грядке, и все головой качает-подергивает, за бороду потягивает, — так-так… чудеса Господни…

Вскинул так головой на Горкина, заморгал — и смотрит куда-то вверх.

— А вот что скажи, милый человек… — говорит Горкину, и голос у него тише стал, будто и говорить уж трудно, и задыхается, — почему это такое — эта вот грядка чисто сработана, а эта словно другой руки? узорчики одинаки, а… где, по-твоему, милый человек, рисуночек потончей, помягчей? а?

А тут стали любопытные подходить от площади. Старик и кричит дворнику:

— Ворота за нами запирай!

— А вы, милые, — нам-то говорит, — пройдемте со мной во двор, заворачивайте лошадку!..

И побежал во двор. А нам торопиться надо. Горкин с Антипушкой пошептался: «Старик-то, будто не все у него дома… никак, хочет нас запереть?» Что тут делать! А старик выбежал опять к воротам, торопит нас, сам завернул Кривую, машет-зовет, ни слова не говорит. Пошли мы за ним, и страшно тут всем нам стало, как ворота-то заперли.

— Ничего-ничего, милые, успеете… — говорит старик, — надо принять во внимание… минутку пообождите.

И полез под тележку, под задние колеса! Не успели мы опомниться, а он уж и вылезает, совсем красный, не может передохнуть.

— Та-ак… так-так… надо принять… во внимание…

И руки потирает. И показывает опять на грядки:

— А разноручная будто работка… что, верно?..

И все головой мотает. Горкин пригляделся, да и говорит, чтобы поскорей уж отделаться:

— Справедливо изволите говорить: та грядка почище

разузорена, порисунчатей будет, поскладней, попригдядней… обей хороши, а та почище.

Стоим мы и дожидаемся, что же теперь с нами сделают. Ворота заперты, собаки лежат лохматые, а которые на цепи ходят. Двор громадный, и сад за ним. И большие навесы все, и лубяные короба горой, а под навесами молодцы серых лошадок и еще что-то в бумагу заворачивают и в короба кладут. И пить нам смерть хочется, а старик бегает округ тележки и все покашливает. Поглядел на дугу, руками так вот всплеснул и говорит Горкину:

— А знаешь, что я те, милый человек, скажу… надо принять во внимание?..

Горкин просит его:

— Скажите уж поскорей, извините… очень нам торопиться надо, и ребятишки не кормлены, и…

А старик повернулся и стал креститься на розовую колокольню-Троицу: и сюда она смотрит, стоит как раз на пролете между двором и садом.

— Вот что. Сам Преподобный это, вас-то ко мне привел! Господи, чудны дела Твоя!..

А мы ничего не понимаем, просим нас отпустить скорей. Он и говорит, строго будто:

— Это еще неизвестно, пойдете ли вы и куда пойдете… надо принять во внимание! Как фамилия вашему хозяину, чья тележка? Та-ак. А как к нему эта тележка попала?

Горкин говорит:

— Давно это, я у них за сорок годов живу, а она и до меня была, и до хозяина была, его папаше от дедушки досталась… дедушка папашеньки вот его… — на меня показал, — к хохлам на ней ездил, красным товаром торговал.

— А посудой древяной не торговал?.. ложками, плошками, вальками, чашками… а?..

Горкин говорит — слыхал так, что и древяной посудой торговали они… имя ихнее старинное, дом у них до француза еще был и теперь стоит. Тут старик — хвать его за плечо, погнул к земле и под тележку подтаскивает:

— Ну так гляди, чего там мечено… разумеешь?..

Тут и все мы полезли под тележку, и старик с нами туда забрался, ерзает, будто маленький, по траве и пальцем на задней «подушке» тычет. А там, в черном кружочке, выжжено – «А».

– Что это, – говорит, – тут мечено… аз?

– Аз… – Горкин говорит.

– Вот это, – говорит, – я самый-то и есть, аз-то, надо принять во внимание! И папаша мой тут – аз! А-ксе-нов! Наша тележка!..

Вылезли мы из-под тележки. Старик красным платком утирается, плачет словно, смотрит на Горкина и молчит. И Горкин молчит и тоже утирается. И все молчим. Что же он теперь с нами сделает, – думаю я, – отнимет у нас тележку? И еще думаю: кто-то у него украл тележку и она к нам попала?.. И потом говорит старик:

– Да-а… надо принять во внимание… дела Твоя, Господи!

И Горкин тоже, за ним:

– Да-а… Да что ж это такое, ваше степенство, выходит?

– Господь!.. – говорит старик. – Радость вы мне принесли, милые… вот что. А внук-то мой давеча с вами так обошелся… не объезжен еще, горяч. Батюшкина тележка! Он эту сторону в узор резал, а я ту. Мне тогда, пожалуй, и двадцати годов не было, вот когда. И мету я прожигал, и клеймило цело, старинное наше, когда еще мы посуду резали-промышляли. Хором-то этих в помине не было. В сарайчике жили… не чай, а водичку пили! Ну, об этом мы потом потолкуем, а вот что… Вас сам Преподобный ко мне привел, я вас не отпущу. У меня погостите… сделайте мне такое одолжение, уважьте!.. Прямо – как чудо совершилось.

Стоим и молчим. И Горкин смотрит на тележку – и тоже как будто плачет. Стал говорить, а у него голос обрывается, совсем-то слабый, как когда мне про грех рассказывал:

– Сущую правду изволили сказать, ваше степенство, что Преподобный это… – И показывает на колокольню-Троицу. – Теперь и я уж вижу, дела Господни. Вот оно что… от Преподобного такая веща-красота вышла – к Преподобному и воротилась, и нас привела. На выезде ведь мы возчика вашего

98

повстречали, счастливыми нас назвал, как спросили его про вас, не знамши! Путались как, искамши... и отводило нас сколько, а на ваше место пришли... привело! Преподобный и вас, и нас обрадовать пожелал... видно теперь воочию. Ну, мог ли подумать, а?! И тележку-то я из хлама выкатил, в ум вот вошло... сколько, может, годов стояла, и забыли уж про нее... А вот дождалась... старого хозяина увидала!.. И покорнейше вас благодарим, не смеем отказаться, только хозяину надо доложить, на гостинице он.

– Ка-ак, и сам хозяин здесь?! – спрашивает старик – На денек верхом прискакал... будто так вот и надо было!

– Так я, – говорит, – хотел бы очень с ними познакомиться. Передайте им – прошу, мол, их ко мне завтра после обедни чайку попить и пирожка откушать. Просит, мол, Аксенов. Мы и поговорим. А у меня в саду беседка большая, вам там покойно будет, будете мои гости Го-споди-Го-споди... и надо же так случиться!..

И все на тележку смотрит. И мы смотрим. Стоит и все оглаживает грядки и головой качает.

Прямо – как чудо совершилось.

У Преподобного

Так все и говорят – чудо живое совершилось. Как же не чудо-то! Всё бродили – игрушечника Аксенова искали, и все-то нас путали, что не пускает Аксенов богомольцев, и уж погнали нас от Аксенова, а тут-то и обернулось, признал Аксенов тележку, будто она его работы, и что привел ее Преподобный домой, к хозяину, – а она у нас век стояла! – и теперь мы аксеновские гости, в райском саду, в беседке. И как-то неловко даже, словно мы сами напросились. Домна Панферовна корит Федю:

– Босой… со стыда за тебя сгоришь!

А Федя сидит под кустиком, ноги прячет. Антипушка за Кривую тревожится:

– Самовласть какая… забрал воц лошадку нашу! «Молитесь, – говорит, отдыхайте, а мой кучер за ней уходит». А она чужому нипочем не дастся, не станет ни пить, ни есть. Надо ему сказать это, Аксенову-то.

Горкин его успокаивает: ничего, обойдется, скажем. И тележку опорожнить велел, будто уж и его она… чисто мы в плен попали!

А Домна Панферовна пуще еще накаливает: залетели вороны не в свои хоромы, попали под начал, из чужих теперь рук смотри… порядки строгие, ворота на запоре, сказывайся, как отлучиться занадобится… а случись за нуждой сходить – собачищи страшенные, дворника зови проводить, страмота какая… чистая кабала! Горкин ее утихомиривает:

– Хоть не скандаль-то, скандальщица… барышня хозяйская еще услышит, под березкой вон!.. Ну, маленько стеснительно, понятно… в чужом-то месте свои порядки, а надо покоряться: сам Преподобный привел, худого не должно быть… в сад-то какой попали, в райский!..

Сад… – и конца не видно. Лужки, березки, цветы, дорожки красным песком усыпаны, зеленые везде скамейки, на грядках виктория краснеет, смородина, крыжовник… – так и горит на солнце, – шиповнику сколько хочешь, да все махровый… и вишни, и яблони, и сливы, и еще будто дули... – ну, чего только душа желает. А на лужку, под березой, сидит красивая барышня, вся расшитая по рисункам и в бусах с лентами, – все-то на нас поглядывает. Беседка – совсем и не беседка, а будто дачка. Стекла все разноцветные, наличники и подзоры самой затейливой работы, из березы, под светлый лак, звездочками и шашечками, коньками и петушками, хитрыми завитушками, солнышками и рябью... – резное, тонкое. Горкин так и сказал:

– Не беседка, а песенка!

Стоим – любуемся. А тут Аксенов из-за кустов, словно на наши мысли:

– Не стесняйтесь, милые, располагайтесь. Самоварчик – когда хотите, харчики с моего стола... а ходить – ходите через калитку, садом, в заборе там, в бузине, прямо на улицу, отпереть скажу... мальчишка тут при вас будет. Лавки широкие, сенца постелят... будете как у себя дома.

Позвал барышню из-под березы, показывает на нас, ласково так:

– Ты уж, Манюша, понаблюдай... довольны чтобы были, люди они хорошие. А это, – нам говорит, – внучка моя, хозяйка у меня, надо принять во внимание... она вас ублаготворит. Живите, сколько поживется, с Господом. Сам Преподобный их к нам привел, Манюша... я тебе расскажу потом.

А тут Домна Панферовна, про Федю:

– Не подумайте чего, батюшка, – босой-то он... он хороших родителей, а это он для спасения души так, расслабленному одному лаковые сапоги отдал. А у них в Москве большое бараночное дело и дом богатый...

Ни с того ни с сего. Федя под куст забился, а Аксенов поулыбался только.

– Я, – говорит, – матушка, и не думаю ничего.

Погладил нас с Анютой по головке и велел барышне по викторийке нам сорвать.

– А помыться вам – колодец вон за беседкой. Поосвежитесь после пути-то, закусите... мальчишку сейчас пришлю.

И пошел. И стало нам всем тут радостно. Домна Панферовна стала тут барышне говорить, какие мы такие и какие у нас дома в Москве. А та нарвала пригоршню красной смородины, потчует:

– Пожалуйста, не стесняйтесь, кушайте… и сами сколько хотите рвите.

А тут мальчишка, шустрый такой, кричит:

– А вот и Савка, прислуживать вам… хозяин заправиться велел! А на ужин будет вам лапша с грибами.

Принес кувшин сухарного квасу со льду, чашку соленых огурцов в капусте и ковригу хлеба, только из печи вынули. А барышня велела, чтобы моченых яблоков нам еще, для прохлаждения. Прямо – как в рай попали!

Учтивая такая, все краснеет и книжкой машет, зубками ее теребит и все-то говорит:

– Будьте, пожалуйста, как дома… не стесняйтесь.

Повела нас в беседку и давай нам штучки показывать на полках – овечек, коровок, бабу с коромыслом, пастуха, зайчиков, странников-богомольцев… – все из дерева резано. Рассказывает нам, что это дедушка и прадедушка ее резали, и это у них – как память, гостям показывают, из старых лет. А в доме еще лучше… там лошадка с тележкой у них под стеклом стоит и еще мужик сено косит, и у них даже от царя грамота висит в золотой рамке, что очень понравились игрушки, когда-то прадедушка царю поднес. Горкин хвалит, какая работа чистая, – он и сам вырезывать умеет, – а барышня очень рада, все с полок поснимала – и медведиков, и волков, и кузнеца с мужиком, и лисичку, и… – да как спохватится!..

– Ах, да что это я… устали вы, и вам ко всенощной скоро надо!..

И пошла под березку – книжку свою читать. А мы – за квас да за огурцы.

Глазам не верится, куда же это мы попали! Сад через стекла – разноцветный: и синий, и золотой, и розовый, и алый… и так-то радостно на душе, словно мы в рай попали. И высокая колокольня-Троица смотрит из-за берез. Красота такая!.. Воистину сам Преподобный сюда привел.

Горкин ведет меня на гостиницу, к отцу. Скоро ко всенощной ударят, а ему еще в баню надо, перед говеньем. На нем теперь синий казакинчик и новые сапоги, козловые; и на мне все новенькое, – к Преподобному обшмыгой-то не годится.

Я устал, сажусь у столбушков на краю оврага, начинаю плакать. В овраге дымят сарайчики, «блинные» там на речке, пахнет блинками с луком, жареной рыбкой, кашничками... Лежат богомольцы в лопухах, сходят в овраг по лесенкам, переобувают лапотки, сушат портянки и онучи на крапиве. Повыше, за оврагом, розовые стены Лавры, синие купола, высокая колокольня-Троица – туманится и дрожит сквозь слезы. Горкин уговаривает меня не супротивничать, а я не хочу идти, кричу, что заманил он меня на богомолье – и мучает... нет ни бора, ни келейки.

– Какой я отрезанный ломоть... ка-кой?..

Он и сердится, и смеется, садится под лопухи ко мне и уговаривает, что радоваться надо, а не плакать: Преподобный на нас глядит. Богомольцы спрашивают, чего это паренек плачет – ножки, что ль, поотбил? Советуют постегать крапивкой, – пооттянет. Горкин сердится на меня, кричит:

– Чего ты со мной мудруешь?! по рукам – по ногам связал!..

Я цепляюсь за столбушек, никуда не хочу идти. Им хорошо, будут ходить артелью, а Саня-заика, послушник, все им будет показывать... как у грешника сучок и бревно в глазу, и к Черниговской все пойдут, и в пещерки, и гробок Преподобного будут точить зубами, и где просвирки пекут, и какую-то рухлядную и квасную покажет им Саня-послушник, и в райском саду будут прохлаждаться... а меня – на гостиницу!..

– В шутку я тебе – отрезанный, мол, ты ломоть теперь, а ты кобенишься! – говорит Горкин, размазывая мне слезы пальцем. – А чего расстраиваться!.. Будешь с сестрицами да с мамашенькой на колясках по богомолью ездить, а мы своей артелью, пешочком с мешочком... Небось уж приехала мамашенька, ждет тебя на гостинице От родных грех отказываться... как так – не пойду?.

Я цепляюсь за столбушек, не хочу на гостиницу. К папашеньке хочу... а он завтра в Москву ускачет, а меня будут муштровать, и не видать мне лошадок сереньких, и с Горкиным не отпустят... Он сердится, топает на меня:

– Да что ж ты меня связал-то!.. в баню мне надо, а ты меня канителишь? Ну, коли так… сиди в лопухах, слепые те подхватят!..

Хочет меня покинуть. Я упрашиваю его – не покидай, выпроси, ради Христа, отпустили бы меня вместе ходить по богомолью… тогда пойду. Он обещается, показывает на «блинные» в овражке и сулится завтра сводить туда – кашничков и блинков поесть.

– Только не мудруй, выпрошу. Всю дорогу хорошо шел, радовался я на тебя… а тут – на вон! Это тебя он смущает, от святого отводит.

Глаза у меня наплаканы, все глядят. Катят со звоном тройки и парами, везут со станции богомольцев, пылят на нас. Я прошу, чтобы нанял извощика, очень устали ножки. Он на меня кричит:

– Да ты что, сдурел?! Вон она, гостиница, отсюда видно… и извощика тебе нанимай?.. улицу не пройдешь? Всю дорогу шел – ничего, а тут!.. Вон Преподобный глядит, как ты кобенишься…

Смотрит на нас высокая колокольня-Троица. Я покорно иду за Горкиным. Жара, пыль, ноги едва идут. Вот широкая площадь, белое здание гостиницы. Все подкатывают со звоном троицкие извощики. А мы еще все плетемся – такая большая площадь. Мужики с кнутьями кричат нам:

– В Вифанию-то свезу!.. к Черниговской прикажите, купцы!..

Лошади нам мотают головами, позванивают золотыми глухарями. От колясок чудесно пахнет – колесной мазью и кожами, деревней. Девчонки суют нам тарелки с земляникой, кошелки грибов березовых. Старичок гостинник, в белом подряснике и камилавке, ласково говорит, что у Преподобного плакать грех, и велит молодчику с полотенцем проводить нас «в золотые покои», где верховой из Москвы остановился.

Мы идем по широкой чугунной лестнице. Прохладно, пахнет монастырем – постными щами, хлебом, угольками. Кричат из коридора: «Когда же самоварчик-то?» Снуют по лестнице богомольцы, щелкают у дверей ключами, спрашивают нашего молодчика: «Всенощная-то когда у вас?» У высокой двери молодчик говорит шепотом:

— Не велели будить ко всенощной, устамши очень.

Входим на цыпочках. Комната золотая, бархатная. На круглом столе перед диваном заглохший самовар, белорыбица на бумажке, земляника, зеленые огурчики. Пахнет жарой и земляникой и чем-то знакомым, милым. Вижу в углу, у двери, наше кавказское седло — это от него так пахнет, — серебряную нагайку на окошке, крахмальную рубашку, упавшую с кресла рукавами, с крупными золотыми запонками и голубыми на них буквами, узнаю запах флердоранжа. Отец спит в другой комнате, за ширмой, под простыней; видно черную от загара шею и пятку, которую щекочут мухи. Слышно его дыханье. Горкин сажает меня на бархатное кресло и велит сидеть тихо-тихо, а проснется папашенька — сказать, что, мол, Горкин в баню пошел перед говеньем, а после всенощной забежит и обо всем доложит.

— Поешь вот рыбки с огурчиком, заправься... хочешь — на диванчике подреми, а я пошел. Ти-хо смотри сиди.

Я сижу и глотаю слезы. Под окном гремят бубенцы, выкрикивают извощики. По белым занавескам проходят волны от ветерка, и показывается розовая башня, когда отдувает занавеску. С золотой стены глядит на меня строгий архиерей в белом клобуке, словно говорит: «Тихо смотри сиди!» Вижу на картинке розовую Лавру, узнаю колокольню-Троицу. Вижу еще, в елках, высокую и узкую келейку с куполком, срубленную из бревнышек, окошечко под крышей, и в нем Преподобный Сергий в золотом венчике. Руки его сложены в ладошки, и полоса золотого света, похожая на новенькую доску, протягивается к нему от маленького Бога в небе, и в ней множество белых птиц. Я смотрю и смотрю на эту небесную дорогу, в глазах мерцает...

— В Вифанию-то свезу!..

Я вздрагиваю и просыпаюсь. На меня смотрит архиерей: «Ти-хо смотри сиди!» Кто-то идет по коридору, напевает:

...при-шедше на за-а-а-лад со-олнца...

105

Солнышко уползает с занавесок. Хлопают двери в коридоре, защелкивают ключи, – ко всенощной уходят. Кто-то кричит за дверью: «Чайку-то уж после всенощной всласть попьем!» Мне хочется чайку, а самовар холодный. Заглядываю к отцу за ширмы – он крепко спит на спине, не слышит, как ползают мухи по глазам. Смотрю в окно.

Большая площадь золотится от косого солнца, которое уже ушло за Лавру. Над стенами – розово-белыми – синие, пузатые купола с золотыми звездами и великая колокольня-Троица. Видны на ней колонки и кудерьки и золотая чаша, в которую льется от креста золото. На черном кружке часов прыгает золотая стрелка. В ворота с башней проходят богомольцы и монахи. Играют и перебоями бьют часы – шесть часов. А отец спит и спит.

В зеркале над диваном вижу... – щека у меня вытянулась книзу и раздулась и будто у меня... два носа. Подхожу ближе и начинаю себя разглядывать. Да, и вот – будто у меня четыре глаза, если вот так глядеться... – а вот расплющилось, какая-то лягушачья морда. Вижу – архиерей грозится, и отхожу от зеркала. Ем белорыбицу и землянику... и опять белорыбицу, и огурцы, и сахар. Считаю рассыпанные на столе серебряные деньги, складываю их в столбик, как всегда делает отец. Липнут-надоедают мухи. Извощики под окном начинают бешено кричать:

– Ваш степенство, меня рядили... в скит-то свезу! в Вифанию прикажите, на резвых!.. к Черниговской кого за полтинник?..

Заглядываю к отцу. Рука его свесилась с кровати. Тикают золотые часы на тумбочке. Ложусь на диван и плачу в зеленую душную обивку. Будто клопами пахнет?.. Вижу – у самых глаз сидят за тесьмой обивки, большие, бурые... Вскакиваю, сажусь, смотрю на келейку, на небесную светлую дорогу...

Кто-то тихо берет меня... знаю – кто. Стискиваю за шею и плачу в горячее плечо. Отец спрашивает: «Чего это ты разрюмился?» Но я плачу теперь от радости. Он подносит меня к окну, отмахивает занавеску на кольчиках. спрашивает: «ну, как, хороша наша Троица?» дает бархатный кошелечек с

106

вышитой бисером картинкой – Троицей. В кошелечке много серебреца – «на троицкие игрушки!». Хвалит меня: «А здорово загорел, нос даже облупился!» – спрашивает про Горкина. Говорю, что после всенощной забежит – доложит, а сейчас пошел в баню, а потом исповедоваться будет. Отец смеется:

– Вот это так богомол, не нам чета! Ну, рассказывай, что видал.

Я рассказываю про райский сад, про сереньких лошадок, про игрушечника Аксенова, что велит он нам жить в беседке, а тележку забрал себе. Отец не верит:

– Это что же, во сне тебе?..

Я говорю, что правда, – Аксенов в гости его зовет. Он смеется:

– Ну, болтай, болтушка... знаю тебя, выдумщика!

Принимается одеваться и напевает свое любимое:

Кресту-у Твое-му-у... поклоня-емся,
Влады-ы-ко-о-о...

Ударяют ко всенощной. Я вздрагиваю от благовеста, словно вкатился в комнату гулкий, тяжелый шар. Дрожит у меня в груди, дребезжит ложечка в стакане. Словно и ветерок от звона, пузырит занавеску, – радостный холодок, вечерний. Важный, мягкий, особенный звон у Троицы.

Лавра светится по краям, кажется легкой-легкой, из розовой с золотцем бумаги: солнце горит за ней. Монах поднимает на ворота розовый огонек – лампаду. Тянутся через площадь богомольцы, крестятся у Святых Ворот.

Отец говорит, что сейчас приложит меня к мощам, а завтра оставит с Горкиным.

– Он тебе все покажет.

Мамаша не приедет, прихворнула, а его ждут дела. Он опрыскивает любимым флердоранжем свежий, тугой платок, привезенный в верховой сумочке, дает мне его понюхать, ухватывая за нос, как всегда делает, и, прищелкивая сочно языком, весело говорит:

– Сейчас теплых просфор возьмем, с кагорчиком угощу

107

тебя. А на ужин… закажем мы с тобой монастырскую солянку, троицкую! Такой уж не подадут нигде.

Он ведет меня через площадь, к Лавре.

Розовые ее стены кажутся теперь выше, синие купола – огромными. Толсто набиты на них звезды. Я смотрю на стены и радостно-затаенно думаю – что-то за ними. там!.. Бор… и высокая келейка, с оконцем под куполком? Спрашиваю – увидим келейку? Отец говорит – увидим, у каждого там монаха келья. На нем верховые сапоги, ловкая шапочка-верховка, – все на него любуются. Богомолки называют его молодчиком.

Перед Святыми Воротами сидят в два ряда калеки-убогие, тянутся деревянными чашками навстречу и на разные голоса канючат:

– Христа ра-ди… православные, благоде-тели… кормильцы… для пропитания души-тела… родителев-сродников… Сергия Преподобного… со присвятыи Троицы…

Мы идем между черными, иссохшими руками, между падающими в ноги лохматыми головами, которые ерзают по навозу у наших ног, и бросаем в чашки копеечки. Я со страхом вижу вывернутые кровяные веки, оловянные бельма на глазах, провалившиеся носы, ввернутые винтом под щеки, култышки, язвы, желтые волдыри, сухие ножки, как палочки… И впереди, далеко, к самым Святым Воротам, – Машут и машут чашками, тянутся к нам руками, падают головами в ноги. Пахнет черными корками, чем-то кислым.

В Святых Воротах сумрак и холодок, а дальше – слепит от света: за колокольней – солнце, глядит в пролет, и виден черный огромный колокол, будто висит на солнце. От благовеста-гула дрожит земля. Я вижу церкви – белые, голубые, розовые – на широком просторе, в звоне. И все, кажется мне, звонят. Ясно светят кресты на небе, сквозные, легкие. Реют ласточки и стрижи. Сидят на булыжной площади богомольцы, жуют монастырский хлеб. Служки в белом куда-то несут ковриги, придерживая сверху подбородком, ковриг по шесть. Хочется есть, кружится голова от хлебного духа теплого – где-то пекарня близко. Отец говорит, что тепленького потом прихватим, а сейчас приложиться надо, пока еще не тесно. Важно идут широкие монахи, мотают четками в рукавах, веет за ними ладаном.

Я высматриваю-ищу – где же келейка с куполком и елки? Отец не знает, какая такая келейка. Спрашиваю про грешника.

– Какого такого грешника?

– Да бревно у него в глазу… Горкин мне говорил.

– Ну, у Горкина и надо дознаваться, он по этому делу дока.

Направо – большой собор, с синими куполами с толстыми золотыми звездами. Из цветника тянет свежестью – белые служки обильно поливают клумбы, пахнет тонко петуньями, резедой. Слышно даже сквозь благовест, как остро кричат стрижи.

Великая колокольня – Троица – надо мной. Смотрю, запрокинув голову, креста не видно! Падает с неба звон, кружится голова от гула, дрожит земля.

Народу больше. Толкают меня мешками, чайниками, трут армяками щеки. В давке нечем уже дышать. Трогает кто-то за картузик и говорит знакомо:

– Наш словно паренек-то, знакомый… шли надысь-то!..

Я узнаю старушку с красавочкой-молодкой, у которой на шее бусинки. Она – Параша? – ласково смотрит на меня, хочет что-то сказать как будто, но отец берет на руки, а то задавят. Под высокой сенью светится золотой крест над чашей, бьет из креста вода; из чаши черпают воду кружками на цепи. Я кричу:

– Из креста вода!.. чудо тут!..

Я хочу рассказать про чудо, но отец даже и не смотрит, говорит – после, а то не продерешься. Я сижу на его плече, оглядываюсь на крест под сенью. Там все черпают кружками, бьет из креста вода.

У маленькой белой церкви, с золотой кровлей и одинокой главкой, такая давка, что не пройдешь. Кричат страшные голоса:

– Не напирайте, ради Христа-а… зада-вите!.. ой, дышать нечем… полегше, не напирайте!..

А народ все больше напирает, колышется. Отец говорит

мне, что это самая Троица, Троицкий собор. Преподобного Сергия мощи тут. Говорят кругом:

– Господи, и с детями еще тут… куды еще тут с детями! Мужчину вон задавили, выволокли без памяти… куды ж с детями?!.

А сзади все больше давят, тискают, выкрикивают, воздыхают, плачутся:

– Ох, родимые… поотпустите, не передохнешь… дыхнуть хоть разок дайте… душу на покаяние…

Сцепляются мешками и чайниками, плачут дети. Идет высокий монах в мантии, благословляет, машет четками:

– Расступитесь, дорогу дайте!..

Перед ним расступаются легко, откуда только берется место! Монах проходит, благословляя, вытягивая из толпы застрявшую сзади мантию. Отец проносит меня за ним.

В церкви темно и душно. Слышно из темноты знакомое – Горкин, бывало, пел:

Изведи из темницы ду-шу мо-ю-у!..

Словно из-под земли поют. Плачут протяжно дети. Мерцает позолота и серебро, проглядывают святые лики, пылают пуки свечей. По высоким столбам, которые кажутся мне стенами, золотятся-мерцают венчики. В узенькие оконца верха падают светлые полоски, и в них клубится голубоватый ладан. Хочется мне туда, на волю, на железную перекладинку, к голубку: там голубки летают, сверкают крыльями. Я показываю отцу:

– Голубки живут… это святые голубки, Святой Дух?

Отец вздыхает, подкидывает меня, меняя руку. Говорит все, вздыхая: «Ну, попали мы с тобой в кашу… дышать нечем». На лбу у него капельки. Я гляжу на его хохол, весь мокрый, на капельки, как они обрываются, а за ними вздуваются другие, сталкиваются друг с дружкой, делаются большими и отрываются, падают на плечо. Белое его плечо все мокрое, потемнело. Он закидывает голову назад, широко разевает рот, обмахивается платочком. На черной его шее надулись жилы, и на них капельки. Подо мной – головы и платки, куда-то ползут, ползут, тянут с собой и нас. Все вздыхают и молятся: «Батюшка Преподобный, Угодник Божий… родимый, помоги!..» Кричит подо мной баба, я вижу ее запавшие, кричащие на меня глаза:

– Ой, пустите… не продохну… девка-то обмерла!..

Ее голова, в черном платке с желтыми мушками, проваливается куда-то, а вместо нее вылезает рыжая чья-то голова. Кричит за нами:

– Бабу задавили!.. православные, подайтесь!..

Мне душно от духоты и страха, кружится голова. Пахнет нагретым флердоранжем, отец машет на меня платочком, но ветерка не слышно. Лицо у него тревожное, голос хриплый:

– Ну, потерпи, голубчик, вот подойдем сейчас…

Я вижу разные огоньки – пунцовые, голубые, розовые, зеленые… – тихие огоньки лампад. Не шелохнутся, как сонные. Над ними золотые цепи. Под серебряной сенью висят они, повыше и пониже, будто на небе звездочки. Мощи тут Преподобного – под ними. Высокий, худой монах, в складчатой мантии, которая вся струится-переливается в огоньках свечей, недвижно стоит у возглавия, где светится золотая Троица. Я вижу что-то большое, золотое, похожее на плащаницу – или высокий стол, весь окованный золотом, – в нем… накрыто розовой пеленой. Отец приклоняет меня и шепчет: «В главку целуй». Мне страшно. Бледный палец высокого монаха, с черными горошинами четок, указывает мне прошитый крестик из сетчатой золотой парчи на розовом покрове. Я целую, чувствуя губами твердое что-то, сладковато пахнущее миром. Я знаю, что здесь Преподобный Сергий, великий Угодник Божий.

Мы сидим у длинного розового дома на скамейке. Мне дают пить из кружки чего-то кисленького и мочат голову. Отец отирается платком, машет и на себя, и на меня, говорит – едва переводит дух, – чуть не упал со мной у мощей, такая давка. Говорят – сколько-то обмерло в соборе, водой уж отливали. Здесь прохладно, пахнет политыми цветами, сырой травой. Мимо проходят богомольцы, спрашивают – где тут просвирки-то продают. Говорят: «Вон, за уголок завернуть». И правда: теплыми просфорами пахнет. Вижу на уголке розового дома железную синюю дощечку; на ней нарисована розовая просвирка, такая вкусная. Из-за угла выходят с узелками, просвирки видно. Молодой монашек, в белом подряснике с черным кожаным поясом, дает мне теплую просфору и спрашивает, нагибаясь ко мне:

– Н-не у-у…знал м-меня? А я Са-саня… Юрцо…цов!

Я сразу узнаю: это Саня-заика, послушник, нашего Трифоныча внучек. Лицо у него такое доброе, в золотухе все; бледные губы выпячиваются трубочкой и дрожат, когда он силится говорить. Он зовет нас в квасную, там его послушание:

– Ка-ка…каваску… на-шего… ммо… мона-стырского, отведайте.

И Федя с нами на лавочке. Он в новых сапогах, в руке у него просвирка, но он не ест – только что исповедовался, нельзя. Рассказывает, что были с Горкиным у Черниговской, у батюшки-отца Варнавы исповедовались… а Горкин теперь в соборе, выстоит до конца. Что-то печален он, все головой качает. Говорит еще, что Домна Панферовна сама по себе с Анютой, а Антипушка с Горкиным, и ему надо опять в собор. Саня-послушник говорит отцу:

– Ка-ка…васку-то… мо-мо…пастырского…

Ведет нас в квасную, под большой дом. Там прохладно, пахнет душистой мятой и сладким квасом. Маленький старичок – отец квасник – радушно потчует нас «игуменским», из железного ковшика, и дает по большому ломтю теплого еще хлеба, пахнущего как будто пряником. Говорит: «Заходите завтра, сладким-сыченым угощу». Мы едим хлеб и смотрим, как Саня с другим моиашком помешивают веселками в низких кадках – разводят квас. И будто в церкви: висят на стене широкие иконы, горят лампады. Квас здесь особенный, троицкий, – священный, благословленный, отец квасник крестит и кадки, и веселки, когда разводят, и когда затирают – крестит. Оттого-то и пахнет пряником. Отец спрашивает – доволен ли он Саней. Квасник говорит:

– Ничего, трудится во славу Божию… такой ретивый, на досточке спит, ночью встает молиться, поклончики бьет.

112

Велит Трифонычу снести поклончик, хорошо его знает, как же:

– Земляки с Трифонычем мы, с-под Переяславля… у меня и торговлишка была, квасом вот торговал. А теперь вот какая у меня закваска… Господа Бога ради, для братии и всех православных христиан.

Такой он ласковый старичок, так он весь светится – словно уж он святой. Отец говорит:

– Душа радуется смотреть на вас… откуда вы такие беретесь?

А старичок смеется:

– А Господь затирает… такой уж квасок творит. Да только мы квасок-то неважный, ки-ислый-кислый… нам до первого сорту далеко.

Оба они смеются, а я не понимаю: какой квасок?.. Отец говорит:

– Плохие мы с тобой молельщики, на гостиницу пойдем лучше.

Несет меня мимо колокольни. Она звонит теперь легким, веселым перезвоном.

За Святыми Воротами все так же сидят и жалобно просят нищие. Извощики у гостиницы предлагают свезти в Вифанию, к Черниговской. Гостинник ласково нам пеняет:

– Что ж маловато помолились? Ну, ничего, с маленького не взыщет Преподобный. Сейчас я самоварчик скажу.

В золотых покоях душно и вязко пахнет согревшейся земляникой и чем-то таким милым… Отец дает мне в стаканчике черного сладкого вина с кипятком – кагорчика. Это вино – церковное, и его всегда пьют с просвиркой. От кагорчика пробегает во мне горячей струйкой, мне теперь хорошо, покойно, и я жадно глотаю душистую, теплую просфору. За окнами еще свет. Перезванивают в стемневшей Лавре; вздуваются занавески от ветерка.

Я просыпаюсь от голосов. Горит свечка. Отец и Горкин сидят за самоваром. Отец уговаривает:

– Чаю-то хоть бы выпил, затощаешь!

Горкин отказывается: причащаться завтра, никак нельзя.

Рассказывает, как хорошо я шел, уж так-то он мной доволен – и не сказать. Говорит про тележку и про Аксенова: прямо чудо живое совершилось. Отец смеется:

– Все с вами чудеса!

Думал – завтра после ранней обедни выехать, пора горячая, дела не ждут, а теперь эта канитель – к Аксенову! Горкин упрашивает остаться, внимание надо бы оказать: уж шибко почтенный человек Аксенов, в обиду ему будет.

– Не знаю, не слыхал… Аксенов? – говорит отец. – Как же это тележка-то его к нам попала? Дедушку, говоришь, знал… Странно, никогда что-то не слыхал. И впрямь Преподобный словно привел.

Горкин вдумчиво говорит:

– Мы-то вот все так – все мы знаем! А выходит вон…

И начинает чего-то плакать. Отец спрашивает – да что такое?

– С радости, недостоин я… – в слезах, в платочек, срывающимся голосом говорит Горкин. – Исповедался у батюшки-отца Варнавы… Стал ему про свои грехи сказывать… и про тот мой грех, про Гришу-то… как понуждал его высоты-то не бояться. А он, светленький, поглядел на меня, поулыбался так хорошо… и говорит, ласково так: «Ах ты, голубь мой сизокрылый!..» Епитрахилькой накрыл и отпустил. «Почаще, – говорит, радовать приходи». Почаще приходи… Это к чему ж будет-то – почаще? Не в монастырь ли уж указание дает?..

– А понравился ты ему, вот Что… – говорит отец. – Да ты и без монастыря преподобный, только что в казакинчике.

Горкин отмахивается. Лицо у него светлое-светлое, как у отца квасника, и глаза в лучиках – такие у святых бывают. Если бы ему золотой венчик, – думаю я, – и поставить в окошко под куполок… и святую небесную дорогу?..

– А Федю нашего не благословил батюшка-отец Варнава в монастырь вступать. А как же, все хотел, в дороге нам открылся – хочу в монахи! Пошел у старца совета попросить, благословиться… а батюшка Варнава потрепал его по щеке и говорит: «Такой румянистый-краснощекой – да к нам, к просвирникам… баранки лучше пеки с детятками! когда,

114

может, и меня, сынок, угостишь». И не благословил. «С детятками», – говорит! Значит, уж ему открыто. С детятками, – чего сказал-то. Ему и Домна-то Панферовна все смеялась, земляничкой молодку все угощал.

Беседуют они долго. Уходя, Горкин целует меня в маковку и шепчет на ухо:

– А ведь верно ты угадал, простил грех-то мой!

Он такой радостный, как на Светлый день. Пахнет от него банькой, ладаном, свечками. Говорит, что теперь все посмотрим, и к батюшке-отцу Варнаве благословиться сходим, и Фавор-гору в Вифании увидим, и сапожки Преподобного, и гробик. Понятно, и грешника поглядим, бревно-то в глазу… и Страшный суд… Я спрашиваю его про келейку.

– Картинку тебе куплю, вот такую… – показывает он на стенку, – и будет у тебя келейка. Осчастливил тебя папашенька, у Преподобного подышал с нами святостью.

Отец говорит – шутит словно и будто грустно:

– Горка ты, Горка! Помнишь… – делов-то пуды, а она – туды? Ну вот, из «пудов»-то и выдрался на денек.

– И хорошо, Господа надо благодарить. А кто чего знает… – говорит Горкин задумчиво, – все под Богом.

В комнате темно. Я не сплю Перебился сон, ворочаюсь с боку на бок. Перед глазами – Лавра, разноцветные огоньки. Должно быть, все уже спят, не хлопают двери в коридоре. Под окнами переступают по камню лошади, сонно встряхивают глухими бубенцами. Грустными переливами играют часы на колокольне. Занавески отдернуты, и в комнату повевает ветерком. Мне видно небо с мерцающими звездами Смотрю на них и, может быть, в первый раз в жизни думаю – что же там?.. Приподымаюсь на подушке, заглядываю ниже: светится огонек, совсем не такой, как звезды, – не мерцает. Это – в розовой башне на уголку, я знаю. Кто-нибудь молится? Смотрю на огонек, на зрезды и опять думаю, усыпающей уже мыслью – кто там?..

У Троицы

Слышится мне впросонках прыгающий трезвон, будто звонят на Пасхе. Открываю глаза – и вижу зеленую картинку: елки и келейки, и Преподобный Сергий, в золотом венчике, подает толстому медведю хлебец. У Троицы я, и это Троица так звонит, и оттого такой свет от неба, радостно-голубой и чистый Утренний ветерок колышет занавеску, и вижу я розовую башню с зеленым верхом. Вся она в солнце, слепит окошками.

– Проспал обедню-то, – говорит Горкин из другой комнаты, – а я уж и приобщался, поздравь меня!

– Душе на спасение! – кричу я.

Он подходит, целует меня и поправляет:

– Телу на здравие, душе на спасение – вот как надо.

Он в крахмальной рубашке и в жилетке с серебряной цепочкой, такой парадный. Пахнет от него праздником – кагорчиком, просвиркой и особенным мылом, из какой-то «травы-зари», архиерейским, которым он умывается только в Пасху и в Рождество, – кто-то ему принес с Афона. Я спрашиваю:

– Ты зарей умылся?

– А как же, – говорит, – я нонче приобщался, великой день.

Говорит – в Лавру сейчас пойдем, папашенька вот вернется: Кавказку пошел взглянуть; молебен отслужим Преподобному, позднюю отстоим, а там папашенька к Аксенову побывает – и в Москву поскачет, а мы при себе останемся – поглядим все, не торопясь. Рассказывает мне, как ходили к Черниговской, к утрени поспели, по зорьке три версты прошли – и не видали, а служба была подземная, в припещерной церкви, и служил сам батюшка-отец Варнава.

– Сказал батюшке про тебя… хороший, мол, богомольщик ты, дотошный до святости. «Приведи его, – говорит, – погляжу». Не скажет понапрасну… душеньку, может, твою чует. Да опять мне. «Непременно приведи!» Вот как.

Я рад, и немного страшно, что чует душеньку. Спрашиваю – он святой?

116

– Как те сказать… Святой – это после кончины открывается. Начнут стекаться, панихидки служат, и пойдет в народе разговор, что, мол, святой, чудеса-исцеления пойдут. Алхеереи и скажут: «Много народу почитает, надо образ ему писать и службу править». Ну, мощи и открываются, для прославления. Так народ тоже не заставишь за святого-то почитать, а когда сами уж учувствуют, по совести. Вот Сергий Преподобный… весь народ его почитает, Угодник Божий! Стало быть, заслужил, прознал хорошо народ, сам прознал, совесть ему сказала А батюшка Варнава – подвижник-прозорливец, всех утешает… не такой, как мы, грешные, а превысокой жизни. Стечение-то к нему какое… Завтра вот и пойдем, за радостью.

Приходит отец, велит поскорее собираться – у гостиницы ждут все наши. Сердится, почему Горкин ни сайки, ни белорыбицы не поел, ветром его шатает. Горкин просит – уж не невольте, с просвиркой теплотцы выпил, а после поздней обедни и разговеется.

– Живым во святые хочешь? – шутит отец и дает ему большую просфору со Святой Троицей на вскрышке. – Вынул вот за твое здоровье.

Горкин целует просфору и потом целуется с отцом три раза, словно они христосуются. Отец смеется на мою новую рубашку, вышитую большими петухами по рукавам и вороту: «Эк тебя расписали!» – и велит примочить вихры. Я приглаживаюсь у зеркала, стоя на бархатном диване, и смеюсь, как у меня вытянулось ухо, а Горкин с двумя будто головами, – и все смеемся. Извощики весело кричат; «В Вифанию-то на свеженьких!.. к Черниговской прикажите!» – нас будто приглашают. И розовая, утренняя Лавра весело блестит крестами. Отец рад, что махнул с нами к Троице:

– Так отдохнул… давно так не отдыхал, как здесь.

– Как же можно, Сергей Иваныч… нигде так духовно не отдохнешь, как во святой обители… – говорит Горкин и взмахивает руками, словно летит на крыльях. – Духовное облегчение… как можно! Да вот… как вчера заслабел! а после исповеди и про ногу свою забыл, чисто вот на крылах летел! А это мне батюшка Варнава так сподобил… пошутил будто.

117

«Молитовкой подгоняйся, и про ногу свою забудешь». И забыл! И спал-то не боле часу, а и спать не хочется... душа-то воспаряется!..

У гостиницы, в холодке, поджидают наши богомольцы, праздничные, нарядные. Домна Панферовна – не узнать: похожа на толстую купчиху, в шелковой белой шали с бахромками и в косынке из кружевцов, и платье у ней сиреневое, широкое. Сидит – помахивает платочком. И Антипушка вырядился: пикейный на нем пиджак с большими пуговицами, будто из перламутра, и сапоги наваксены, – совсем старичок из лавки, а не Антипушка И Федя щеголем, в крахмальном даже воротничке, в котором ему, должно быть, тесно – все-то он вертит шеей и надувается, – новые сапоги горят. На Анюте кисейное розовое платье, на шейке черная бархотка с золотеньким медальончиком, – бабушка подарила! – на руках белые митенки, которые она стягивает, и надевает, и опять снимает, – и все оглядывает себя. Намазала волосы помадой, даже на лоб течет. Я спрашиваю, что у ней, зуб болит... морщится-то? Она мне шелчет:

– Новые полсапожки жгут, мочи нет... бабушке только не скажи, а то рассердится, велит скинуть.

Извощики тащат к своим коляскам, суют медные бляхи – порядиться. С грибами и земляникой бабы и девчонки, упрашивают купить. Суднышко из соломы на земле, с подберезничками и подосиновичками. Гостинник с послушником сваливают грибы в корзину. Домна Панферовна вздыхает:

– Ах, лисичек бы я взяла, пожарить... смерть, люблю. Да теперь некогда, в Лавру сейчас идем.

Лисичек и Горкин съел бы: жареных нет вкусней! Ну да в блинных закажем и лисичек.

Уже благовестят к поздней. Валит народ из Лавры, валит и в Лавру, в воротах давка. В убогом ряду отчаянный крик и драка. Кто-то бросил целую горсть – «на всех!» – и все возятся по земле, пыль летит. Лежит на спине старушка, лаптями сучит, а через нее рыжий лезет, цапает с земли денежку.

Мотается головою в ноги лохматый нищий, плачет, что не досталось. Кто жалеет, а кто кричит:

– Вот бы водой-то их, чисто собаки скучились!..

Грех такой – и у самых Святых Ворот! Подкатывается какой-то на утюгах, широкий, головастый, скрипит-рычит:

– Сорок годов без ног, третий день маковой росинки не было!..

Раздутое лицо, красное, как огонь, борода черная-расчерная, жесткая, будто прутья, глаза – как угли. Горкин сердито машет:

– Господь с тобой... от тебя, как от кабака... стыда нету!..

Говорят кругом:

– Этот известен, ноги пропил! Мошенства много, а убогому и не попадет ничего.

Поют слепцы, смотрят свинцовыми глазами в солнце, блестит на высоких лбах. Поют про Лазаря. Мы слушаем и даем пятак. Пролаз-мальчишка дразнит слепцов стишком:

Ла-зарь ты, Ла-зарь,
Слепой, лупогла-зай,
Отдай мои де-ньги,
Четыре копей-ки!..

Жалуются кругом, что слепцам только и подают, а у главного старика вон – «лысина во всю плешь-то!» – каменный дом в деревне. Старик слышит – и говорит:

– Был, да послезавтра сгорел!

Кричат убогие на слепцов:

– Тянут-поют, а опосля пиво в садочке пьют!

А народ дает и дает копейки. Горкин дает особо, «за стих», и говорит, что не нам судить, а обманутая копейка – и кошель, и душу прожгет – воротится. Подаем слабому старичку, который сидит в сторонке: выгнали его из убогого ряда сильные, богатые.

В Святых Воротах, с Угодниками, заходим в монастырскую лавку, купить из святостей.

Блестят по стенам иконки, в фольге и в ризах. Под

стеклами на прилавке насыпаны серебряные и золотые крестики и образочки – больно смотреть от блеска. Висят четки и пояски с молитвой, большие кипарисовые кресты и складни, и пахнет приятно-кисло – священным кипарисом. Стоят в грудках посошки из можжевелки, с выжженными по ним полосками и мазками. Я вижу священные картинки: «Видение птиц», «Труды Преподобного Сергия», «Страшный суд». Все покупают крестики, образочки и пояски с молитвой – положим для освящения на мощи. Отец покупает мне образ Святыя Троицы, в серебряной ризе, и говорит:

– Это тебе мое благословление будет.

Я не совсем это понимаю – благословение... для чего? Горкин мне говорит, что великое это дело...

– Отца-матери благословение – опора, без нее ни шагу... как можно! Будешь на него молиться, папеньку вспомянешь – помолишься.

Покупаем еще колечки с молитвой, серебряные, с синей и голубой прокладочкои, по которой светятся буковки молитвы – «Преп. отче Сергие, моли Бога о нас» Покупаем костяные и кипарисовые крестики с панорамкой Лавры, и «жития».

Красивый чернобровый монах, с румяными щеками, выкладывает пухлыми белыми руками редкости на стекло: крестики из коралла, ложки точеные, из кипариса, с благословляющей ручкой, с написанной на горбушке Лаврой; поминанья кожаные и бархатные с крестиками из золотца на вскрышке, бархатные мешочки для просвирок, ларчики из березы, крестовые цепочки, салфеточные кольца с молитвою, вышитые подушечки – сердечком, молитвеннички, браслетки с крестиками, нагрудные образки в бархате... – всякие редкостные штучки. Говорит мягко-мягко, молитвенным голоском, напевно:

– На память о Лавре Сергия Преподобного... приобретите для обиходца вашего, что позрится... мальчику ложечку с вилочкой возьмите, благословение святой обители, для телесного укрепления... висячий кармашек для платочка, носик утирать, синелью вышит...

Не хочется уходить от святостей.

120

Отец покупает Горкину складень из кипариса – Святая Троица, Черниговская и Преподобный Сергий. Горкин всплескивает: «Цена-то... черы-ре рубли серебром!» И Антипушке покупает образок Преподобного на финифти. И Анюте с Домной Панферовной – серебряное колечко и сумочку для просвирок. А Феде – картинку, «Труды Преподобного Сергия в хлебной»:

– В бараночной у себя повесишь – слаще баранки будут.

И еще покупает, многое – всем домашним.

– Маслица благовонного возьмите, освященного, в сосудцах с образом Преподобного, от немощей... – выкладывает монах из-под прилавка зеленоватые пузыречки с маслом.

Пахнет священно кипарисом, и красками, и новенькими книжками в тонких цветных обложках; и можжевелкой пахнет – дремучим бором – от груды высыпанных точеных рюмочек, баульчиков, кубариков и грибков, от крошечных ведерок, от бирюлек...

– Ерусалимского ладанцу возьмите, покурите в горнице для ароматов...

Монах укладывает все в корзину, на которой выплетены кресты. Все потом заберем, на выходе.

Еще прохладно, пахнет из садиков цветами. От колокольни-Троицы сильный свет – видится все мне в розовом: кресты, подрагивающие блеском, церковки, главки, стены, блистающие стекла. И воздух кажется розовым, и призывающий звон, и небо. Или – это теперь мне видится... розовый свет от Лавры?.. – розовый свет далекого?.. Розовая на мне рубашка, розоватый пиджак отца... просфора на железной вывеске, розовато-пшеничная – на розовом длинном доме, на просфорной; чистые длинные столы, вытертые до блеска белыми рукавами служек, груды пышных просфор на них, золотистых и розовато-бледных... белые узелки, в белых платочках девушки... вереницы гусиных перьев, которыми пишут на исподцах за упокой и за здравие, шорох и шелест их, теплый и пряный воздух, веющий от душистых квашней в просфорной... – все и доныне вижу, слышу и чувствую. Розовые сучки на лавках и на столах, светлых, как просфоры; теплые

121

доски пола, чистые, как холсты, с пятнами утреннего солнца, с отсветом колокольни-Троицы, с бледными крестовинами окошек; свежие лица девушек, тихих и ласковых, в ссунутых на глаза платочках, вымытые до лоска к празднику; чистые руки их, несущие бережно просвирки... добрые, робкие старушки, в лаптях, в дерюжке, бредущие ко святыням за сотни верст, чующие святое сердцем... – все и доныне вижу.

У Золотого Креста пьют воду богомольцы, звякают кружками на цепочках, мочат глаза и головы. Пьем и мы. Смотрим – везут расслабленного, самого того парня, которому отдал свои сапоги Федя. У парня руки лежат крестом, и на них, на чистой рубахе из холстины, как у покойника, – новенький образок Угодника. И сапоги Федины в ногах! Приехали, целым-целы.

Старуха узнает нас и ахает, словно мы ей родные. Парень глядит на Федю и говорит чуть слышно:

– Сапоги твои... вот надену...

Глаза у него чистые, не гноятся. В народе кричат:

– Пустите, болящего привезли!

Старухе дают кружку с оборванной цепочкой. Она крестится ею на струящийся блеск креста, отпивает и прыскает на парня. Он тоже крестится. Все кричат:

– Глядите, расслабный-то ручку поднял, перекрестился!..

Велят поливать на ноги, и все принимаются поливать Парень дергается и морщится и вдруг – начинает подниматься! Все кричат радостно:

– Гляди-ка, уж поднялся!.. ножками шевелит... здо-ро-вый!..

Приподнимают парня, подсовывают под спину сено, хватают под руки, крестятся. И парень крестится, и сидит! Плачет над ним старуха. Все кричат, что чудо живое совершилось. Парень просит девчонку:

– Дунька, водицы испить...

Попить-то и не дали! Суют кружки, торопят:

– Пей, голубчик... три кружки зараз выпей!.. сейчас подымешься!..

Иные остерегают:

– Много-то не пей, не жадничай… вода дюже студеная, как бы не застудиться?..

Другие кричат настойчиво:

– Больше пей!.. святая вода, не простужает, кровь располирует!..

Горкин советует старухе:

– К мощам, мать, приложи… и будет тебе по вере.

И все говорят, что – бу-дет! Помогают везти тележку, за нею идет народ, слышится визг колёсков. У колокольни кто-то кричит под благовест:

– Эй, на-ши… замоскварецкие!..

Оказывается – от Спаса-в-Наливках дьякон, которого встретили мы под Троицей. Теперь он благообразный, в лиловой рясе. И девочки все нарядные, как цветы. И певчие наши тут же. Все обнимаемся. Дьякон машет на колокольню и восторгается:

– Что за глас! Сижу и слушаю, не могу оторваться… от младости так, когда еще в семинарии учился.

Говорят про колокола и певчие – все-то знают:

– Сейчас это «Корноухий» благовестит, маленький, тыща пудов всего. А по двунадесятым – «Царь-Колокол» ударяет, и на ногах тут не устоишь.

Дьякон рассказывает, что после обедни и «Переспор» услышим: и колоколишка-то маленький, а все вот колокола забьет-накроет. Певчие хвалят «Лебедя»:

– За «Славословием»-то вчера слыхали? Чистое серебро!

Дьякон обещает сводить нас на колокольню – вот посвободней будет, отец звонарь у него приятель, по всем-то ярусам проведет, покажет.

Надо спешить в собор.

Народу еще немного, за ранними отмолились. В соборе полутемно; только в узенькие оконца верха светят полоски солнца, и, вспыхивают в них крыльями голубки. Кажется мне, что там небо, а здесь земля. В темных рядах иконостаса проблескивают искры, светятся золотые венчики. По стенам – древние святые, с строгими ликами. На крылосе вычитывают часы, чистый молодой голос сливается с пением у мощей:

Преподобный отче Се-ргие…
Моли Бога о на-ас!..

Под сенью из серебра, на четырех подпорах, похожих на часовню, теплятся разноцветные лампады-звезды, над ракой Преподобного Сергия. Пригробный иеромонах стоит недвижимо-строго, как и вчера. Непрестанно поют молебны. Горкин просит монаха положить на мощи образочки и крестики. Желтые огоньки от свечек играют на серебре и золоте. Отец берет меня на руки. Я рассматриваю лампады на золотых цепях, большие и поменьше, уходящие в глубину, под сень. На поднятой створе раки, из серебра, я вижу образ Угодника: Преподобный благословляет нас. Прикладывается народ: входит в серебряные засторонки, поднимается по ступенькам, склоняется над ракой. И непрестанно поют-поют:

Преподобный отче Се-ргие…
Моли Бога о на-ас!..

Поет и отец, и я напеваю внутренним голоском, в себе. Слышится позади:

– Пустите… болящего пустите!..

Пригробный иеромонах показывает пальцем: сюда несите. Несут мужики расслабного, которого обливали у креста. Испуганные его глаза смотрят под купол, в свет.

Иеромонах указывает – внести за засторонку. Спрашивает – как имя? Старуха кричит, в слезах:

– Михайлой, батюшка… Михайлой!.. помолись за сыночка… батюшка Преподобный!..

Иеромонах говорит знакомую молитву, – Горкин меня учил:

…скорое свыше покажи посещение…
страждущему рабу Михаилу,
с верою притекающему…

Горкин горячо молится. Молюсь и я. Старушка плачет – Родимый наш… прибега, и скорая помога… помоли Господа!..

124

Иеромонах смотрит в гроб Преподобного и скорбным, зовущим голосом молится:

…и воздвигни его во еже пети Тя…

– Подымите болящего…

Болящего подымают над ракой, поворачивают лицом, прикладывают. Иеромонах берет розовый «воздух», возлагает на голову болящего и трижды крестит. Старуха колотится головой об раку. Мне делается страшно. Громко поют-кричат:

Преподобный отче Се-ргие…

Моли Бога о на-ас!..

Все поют. Текут огоньки лампад, дрожит золотыми огоньками рака, движется розовый покров во гробе… – живое все! Я вижу благословляющую руку из серебра на поднятой накрышке раки.

Прикладываемся к мощам. Иеромонах и меня накрывает чем-то, и трижды крестит:

…во еже пети Тя… и славити непрестанно…

Эти слова я помню. Много раз повторял их Горкин, напоминал. Чудесными они мне казались и непонятными. Теперь – и чудесны, и понятны.

Тянется долгая обедня. Выходим, дышим у цветника, слушаем колокольный звон, смотрим на ласточек, на голубое небо. Входим опять в собор. Тянет меня под тихие огоньки лампад, к Святому.

Отец привозит меня к Аксенову на Кавказке и передает на руки молодцу. Встречает сам Аксенов, говорит: «Оченно приятно познакомиться», – и ведет на парадное крыльцо. Расшитая по рисункам барышня, в разноцветных бусах, уводит меня за ручку в залу и начинает показывать редкости, накрытые стеклянными колпаками: вырезанную из белого дерева лошадку и тележку, совсем как наша, – игрушечную только, – мужиков в шляпах, как в старину носили, которые косят сено, и бабу с ведрами на коромысле. И все спрашивает меня: «Ну, что… нравится?» Мне очень нравится. Молодчик, который вчера нас гнал, ласково говорит мне:

– Знаю теперь, кто ты… московский купец ты, зна-ю! А фамилия твоя – Петухов… видишь, сколько на тебе петухов-то!..

И все смеется. Показывают мне органчик, который играет зубчиками – «Вот мчится тройка удалая», угощают за большим столом пирогом с рыбой и поят чаем. Я слышу из другой комнаты голоса отца, Аксенова и Горкина. И он там. В комнатах очень чисто и богато, полы паркетные, в звездочку, богатые образа везде. Молодчик обещается подарить мне самую большую лошадь.

Потом барышня ведет меня в сад и угощает викторийкой. В беседке пьют чай наши, едят длинные пироги с кашей. Прибегает Савка и требует меня к папаше: «Папаша уезжает!» Барышня сама ведет меня за руку, от собак.

На дворе стоит наша тележка, совсем пустая. Около нее ходят отец с Аксеновым, Горкин и молодчик, и стоит в стороне народ. Толстый кучер держит под уздцы Кавказку. Похлопывают по тележке, качают головами и улыбаются. Горкин присаживается на корточки и тычет пальцем – я знаю куда – в «аз». Отец говорит Аксенову:

– Да, удивительное дело… а я и не знал, не слыхивал. Очень, очень приятно, старую старину напомнили. Слыхал, как же, торговал дедушка посудой, после французов в Москву навез, слыхал. Оказывается, друзья-компаньоны были старики-то наши. Вот откуда мастера-то пошли, откуда зачалось-то, от Троицы… резная-то работа!..

– От нас, от нас, батюшка… от Троицы… – говорит Аксенов. Ребятенкам игрушки резали, и самим было утешительно, вспомнишь-то!..

Отец приглашает его к нам в гости, Москву проведать. Аксенов обещается побывать:

– Ваши гости, приведет Господь побывать. Вот и родные будто, как все-то вспомнили. Да ведь, надо принять во внимание… все мы у Господа да у Преподобного родные.

Оченно рад. Хорошо-то как вышло, само открылось... у Преподобного! Будто вот так и надо было.

Он говорит растроганно, ласково так, и все похлопывает тележку.

– Дозвольте, уж расцелуемся, по-родному... – говорит отец, и я по его лицу вижу, как он взволнован: в глазах у Него как будто слезы.

– Дедушку моего знавали!.. Я-то его не помню...

– А я помню, как же-с... – говорит Аксенов. – Повыше вас был и поплотней, веселый был человек, душа. Да-с... надо принять во внимание... Мне годов... да, пожалуй, годов семнадцать было, а ему, похоже, уж под ваши годы, уж под сорок. Ну-с, счастливо ехать, увидимся еще, Господь даст.

И они обнимаются по-родному. Отец вскакивает лихо на Кавказку, целует меня с рук Горкина, прощается за руку с молодчиком, кланяется красивой барышне в бусах, дает целковый на чай кучеру, который все держит лошадь, наказывает мне вести себя молодцом – «а то дедушка вот накажет» – и лихо скачет в ворота.

– Вот и старину вспомнили... – говорит Горкину Аксенов, – как вышло-то хорошо. А вы, милые, поживите, помолитесь, не торопясь. Будто родные отыскались.

Я еще хорошо не понимаю, почему – родные. Горкин утирает глаза платочком. Аксенов глядит куда-то, над тележкой, – и у него слезы на глазах.

– Вкатывай... – говорит он людям на тележку и задумчиво идет в дом.

Все спят в беседке: после причастия так уж и полагается – отдыхать. Даже и Федя спит. После чая пойдем к вечерням, а завтра всего посмотрим. Денька два поживем еще – так и сказал папашенька: поживите, торопиться вам некуда.

Барышня показывает нам сад с Анютой. Молодчик с пареньками играет на длинной дорожке в кегли. Приходят другие барышни и куда-то уводят нашу. Барышня говорит нам:

– Поиграйте сами, побегайте... красной вот смородинки поешьте.

И мы начинаем есть, сколько душе угодно. Анюта рвет и

викторийку и рассказывает мне про батюшку Варнаву, как ее исповедовал.

— Бабушка говорит — от него не укроешься, наскрозь все видит. Вот, я тебе расскажу, сама бабушка мне рассказывала, она все знает… Вот, одна барыня приезжает, а в Бога не верила… ну, ее умные люди уговорили приехать, поглядеть, какой угодный человек, наскрозь видит. Вот она, приехамши, говорит… села у столика: «И чего я не видала, и чего я не слыхала! — А она все видала и все слыхала, богатая была. — Чегой-то он мне наболтает!» — про святого так старца! Ну, он бы мог, бабушка говорит, час ей смертный послать, за такие богохульные слова. Только он жалостливый до грешников. А она сидит у столика и ломается из себя: «И чегой-то он не идет, я никогда не могу ждать!» А он все не идет и не идет. И вот тут будет самое страшное… только ты не бойся, будет хорошо в конец. Вот, она сидела, и выходит старец… и несет ей стакан пустого чаю, даже без сахару. Поздоровался с ней и говорит: «И вот вам чай, и пейте на здоровье». А барыня рассерчалась и говорит: «И чтой-то вы такое, я чаю не желаю», — от святого-то человека! Как бы радоваться-то должна, бабушка говорит, а она так, как бес в ней: «Не желаю чаю!» А он смиренно ей поклонился… — святые ведь смиренные… бабушка говорит, — поклонился ей и приговаривает еще: «А вы не пейте-с, вы не пейте-с… а так только ложечкой поболтайте-с, поболтайте-с!..» И ушел. Вон что сказал-то! — поболтайте ложечкой. Ушел и не пришел. А она сидела и болтала ложечкой. Понимаешь, к чему он так? Все наскрозь знал. Вот она и болтала. Тут-то и поняла-а… и про-няло ее. Потом покаялась со слезьми и стала богомольной, уважительной… бабушка сама ее видала!..

Она много еще рассказывает. Говорит, что, может, и сама в монашки уйдет, коли бабушка загодя помрет… «А то что ж так, зря-то, мытариться!» Так мы сидим под смородинным кустом, играем. Савка приносит самовар — чай пить время, к вечерням ударят скоро. За чайком Горкин рассказывает всем нам, почему с тележкой такое вышло.

— Словно вот и родными оказались. А вот как было, Аксенов сам нам с папашенькой доложил. Твой прадедушка деревянной посудой торговал, рухлядью. Французы Москву пожгли, ушли, все в разор разорили, ни у кого ничего не стало. Вот он загодя и смекнул – всем обиходец нужен, посуда-то... ни ложки, ни плошки ни у кого. Собрал сколько мог деньжонок, поехал в эти края и дале, где посуду точили. И встретил-повстречал в Переяславле Аксенова этого папашу. А тот мастер-резчик, всякие штуковинки точил-резал, поделочное, игрушки. А тут не до игрушек, на разоренье-то! Бедно тот жил. И пондравились они друг дружке. «Давай, – говорит прадедушка-то твой, – сбирать посудный товар, на Москву гнать, поправишься!» А Аксенов тот знаменитый был мастер, от него, может, и овечки-коровки эти пошли, у Троицы здесь продают-то, ребяткам в утеху покупают... и с самим митрополитом Платоном знался, и тому резал-полировал... и горку в Вифании, Фавор-то, увидим завтра с тобой, устраивал. Только митрополит-то помер уж, только вот ушли французы...поддержка ему и кончилась. А он ему, Платону-то, уж тележку сделал, точь-в-точь такую же, как наша, с резьбой с тонкой, со всякими украсами. И еще у него была такая же тележка, с сыном они работали, с теперешним вот Аксеновым нашим, дом-то чей, у него-то мы и гостим теперь. Ну, хорошо. И все дивились на ихние тележки. А тогда, понятно дело, все разорены, не до балушек этих. Вот твой прадедушка и говорит тому: «Дам я тебе на разживу полтысячки, скупай для меня посуду по всем местам, и будем, значит, с тобой в конпании орудовать». И зачали они таким делом посуду на Москву гнать. А там – только подавай, все нехватка. Люди-то с умом были... Аксенов и разбогател, опять игрушкой занялся, в гору пошел. И игрушка потом понадобилась, жисть-то как поутихла-посветлела. Теперь они, Аксенов-то, как работают! Ну, хорошо. Вот и приходит некоторое время, и привозит Аксенов тот долг твоему прадедушке. И в подарок – тележку новенькую... не свою, а третью сделали, с сыном работали, на совесть. С того и завелась у нас тележка, вон откуда она пошла-то! А потом и тот помер в скорости, и другой... старики-то. И позабыли друг дружку молодые-то. А тележка... ну, ездил дедушка твой на ней, красным товаром торговал... а потом тележка в хлам и попала. И забыли про нее все: тележка и тележка, а антересу к ней нет, и к чему такая – неизвестно. Маленькая… ее и завалили хламом. А вот, привел Господь, мы ее и раскопали, мы-то ее и вывели на свет Божий, как пришло время к Троице-Сергию нам пойти… так вот и толкнуло меня что-то, на ум-то мне: возьмем тележку, легонькая, по нам! Ее вот и привело… к своему хозяину воротилась. Добро-то как отозвалось! Потому и в гостях теперь, и уважение нам с тобой какое. И опять друг дружку признали, родные будто. Вот нас за то так-то и приняли, и обласкали, в благодати какой живем! Старик-то заплакал вон, старое свое вспомнил, батюшку. Как оно обернулось… И ведь где же… у самого Преподобного! А те тележки давно пропали, другие две-то. Одна в пожаре сгорела, у митрополита Платона… и другая, у Аксеновых, тоже сгорела в большой пожар, давно еще. Больше они и не забавлялись. Старик-то помер, с игрушек шибко разбогатели. Последки вон на полках от старика остались. Рукомесло-то это неприбыльное, на хорошего любителя, кто понимает, чего тут есть… для своей радости-забавы делали… а кто покупать-то станет! Единая наша и осталась.

Я спрашиваю: а теперь как, возьмет Аксенов тележку нашу?

– Нет, дареное не берут назад. У нас останется, поедем на ней домой. Прибрали ее, почистили здешние мастера… промыть хотели, да старик не дозволил… Господним дождем пусть моет – так и сказал. Каждый день на нее любуется – не наглядится. И молодчик-то его залюбовался. Только такой уж не сделают, на нее работы-то уйдет сколько! И терпенья такого нет… ты погляди-ка, как резана-а!.. Одной рукой да глазом не сделаешь, тут душой радоваться надо… Пасошницы вот покойный Мартын резал, попробуй-ка так одним топориком порезать… винограды какие!.. Это дело особое, не простое.

Мы слушаем, как сказку. Птичка поет в кустах. Говорят, – барышня Домне Панферовне сказала, – соловьи к вечеру поют здесь, в самом конце, поглуше. И Федя слыхал – ночью не мог заснуть. Горкин выходит на крылечко и радостно говорит, вздыхая:

– А как тихо-то, хорошо-то как здесь... и Троица глядит! Све-те Тихий... святыя славы...

Высвистывает птичка. В Лавре благовестят к вечерням.

Благословение

Только еще заря, сад золотисто-розовый, и роса, – свежо, не хочется подыматься. А все уже на ногах. Анюта заплетает коску, Антипушка молится на небо, Горкин расчесывается перед окошком, как в зеркальце. Говорят – соловей все на зорьке пел. В дверь беседки вижу я куст жасмина, осыпанный цветами – беленькими, с золотым сердечком. Домна Панферовна ахает над кустом:

– А-ах, жасминчик… люблю до страсти!

И на столе у нас, в кувшине, жасминчик и желтые бубенцы – Федя вчера нарвал – и целый веник шиповнику.

Федя шиповник больше уважает – аромат у него духовный. И Горкин тоже шиповник уважает, и я. Савка несет самовар с дымком и ставит на порожке – пусть прогорит немножко. Все говорят: «Ах, хорошо… шишечкой-то сосновой пахнет!» Савка доволен, ставит самоварчик на стол в беседке. Говорит:

– Мы всегда самовар шишечками ставим. А сейчас горячие вам колобашки будут, вот притащу.

Анюта визжит от радости:

– Бабушка, горячие колобашки будут!..

А Домна Панферовна на нее:

– Ори еще, не видала сроду колобашек?..

По-царски нас прямо принимают: вчера пироги с кашей и с морковью, нынче горячие колобашки, – и родных так не принимают.

Пьем чай с горячими колобашками, птички поют в саду. Федя чем свет поднялся, просвирный леестрик правит: всех надо расписать – кого за упокой, кого за здравие, кому просвирку за сколько, – дело нелегкое.

– Соломяткина-то забыли, в Мытищах-то угощал… – припоминает Горкин, припиши, Федя: раба божия Евтропия, за пятачок.

Приписываем еще Прокопия со чады – трактирщика Брехунова, – супруги-то имя позабыли. Вспомнили, хорошо, раба божия Никодима, Аксенова самого, и при нем девицу

132

Марию, – ласковая какая барышня! – и молодчика, погнал-то который нас: Савка сказал, что Васильем Никитичем зовут, – просфору за полтинник надо. И болящего Михаила приписали, расслабного, за три копейки хоть. Увидим – отдадим, а то и сами съедим за его здоровье. Упаси Бог, живых бы с покойниками не спутали, неприятности не избыть. Напутали раз монахи, записали за здравие Федосью, а Федосея за упокой, а надо наоборот было; хорошо – дома доглядели, выправили чернилками, и то боялись, не вредные ли: тут чернилки из орешков монахи сотворяют, а в Москве, в лавочке, кто их знает.

Идем в Лавру с большой корзиной, ягодной-пудовой, – покупали в игрушечном ряду, об столбик били: крепок ли скрип у ней. Отец просфорник велит Сане-заике понаблюсти – выпросили мы его у отца квасника помочь-походить с нами, святыни поглядеть, нам показать, – а нам говорит:

– Он с писцами просфорки все проверит и к вам подойдет... а вы покуда идите, наши соборы-святыни поглядите, а тут ноги все простоите, ждамши.

Горкин указывает Сане, как понимать леестрик: первая мета – цена, крестик за ней – за упокой, а колечко – за здравие. За долгими чистыми столами в просторных сенцах служки пишут гусиными перьями: оскребают с исподцев мучку и четко наводят по-церковному.

Ходим из церкви в церковь, прикладываемся и ставим свечи. В большом соборе смотрим на Страшный суд – написано во всю стену. И страшно, а не оторвешься. Монах рассказывает, за какие грехи что будет. Толстый зеленый змей извивается к огненной геенне, и на нем все грехи прописаны, и голые грешники, раскаленные докрасна, терзаются в страшных муках; а эти, с песьими мордами и с рогами, наскакивают отовсюду с вилами, – зеленые, как трава. А наверху, у Бога, светлые сонмы ангелов вешают на златых весах злые дела и добрые – что потянет? – а души взирают и трепещут. Антипушка вздыхает:

– Го-споди... и царей-королей в ад тащут, и к ним не снисходят, из уважения!..

Монах говорит, что небесная правда – не земная взыщется

и с малых, и с великих. Спрашиваем: а толстые кто, в бархатных кафтанах, за царями идут, цепью окручены, в самую адову пучину?

– А которые злато приобретали и зла-то всякого натворили, самые богачи купцы. Ишь сколько за ними бесы рукописании тащут!

Горкин говорит со вздохом:

– Мы тоже из купцов…

Но монах утешает нас, что и праведные купцы бывают, милостыню творят, святые обители не забывают – украшают, и милосердный Господь снисходит.

Я спрашиваю, зачем раскаленная грешница лежит у «главного» на коленях, а на волосах у ней висят маленькие зеленые. Монах говорит, что это бесстыдная блудница. Я спрашиваю, какие у ней грехи, но Горкин велит идти, а то ночью бояться будешь – насмотришься.

– Вон, – говорит, – рыжий-то, с мешочком, у самого! Иуда Искариот это, Христа продал, с денежками теперь терзается… ишь скосился!

Монах говорит, что Иуде муки уготованы без конца: других, может, праведников молитвы выкупят, а Искариоту не вызволяться во веки веков, аминь. И все говорят – этому нипочем не вырваться.

Смотрим еще трапезную церковь, где стены расписаны картинками, и видим грешников, у которых сучок и бревно в глазу. Сучок маленький и кривой, а бревно толстое, как балка. Монах говорит:

– Для понимания писано: видишь сучец в глазе брата твоего, а бревна-то в своем не чувствуешь!

Я спрашиваю, зачем воткнули ему бревно… ведь больно? Монах говорит:

– Для понимания, не больно.

Еще мы видим жирного богача, в золотых одеждах и в бархате, за богатой трапезой, где жареный телец, и золотые сосуды-кувшины с питиями, и большие хлебы, и под столом псы глотают куски тельца; а на пороге лежит на одной ноге убогий Лазарь, весь в болячках, и подбирает крошки, а псы облизывают его. Монах говорит нам, что так утешается в сей жизни немилостивый богач, и вот что уготовано ему на том свете!

И видим: стоит он в геенне-прорве и высовывает кверху единый перст, а высоко-высоко, у старого Авраама на коленях, под розанами и яблочками, пирует у речки Лазарь в блистающих одеждах и ангелы подносят ему блюда и напитки.

– «Лазарь-Лазарь! омочи хоть единый перст и прохлади язык мой!» – взывает немилостивый богач из пламени, – рассказывает монах, – но Лазарь не слышит и утешается... не может суда Божьего преступить.

В соборе Троицы мы молимся на старенькую ризу Преподобного, простую, синюю, без золотца, и на деревянную ложечку его за стеклышком у мощей. Я спрашиваю – а где же келейка? Но никто не знает.

Лезем на колокольню. Высота-а... – кружится голова Крутом, куда ни глянешь, только боры и видно. Говорят, что там и теперь медведи; водятся и отшельники Внизу люди кажутся мошками, а собор Преподобного – совсем игрушечный. Под нами летают ласточки, падают на кресты. Горкин стучит пятачком по колоколу – гул такой! Говорят, как начнут звонить, рот надо разевать, а то голову разорвет от духа, такое шевеленье будет.

Отец просфорник выдает нам корзину с просфорами – Бог милости прислал! По леестрику все вписали и вынули... благослови вас Преподобный за ваше усердие.

Саня-заика упрашивает нас зайти в квасную, холодненького выпить, такого нигде не делают:

– На...на-на...ме-местниковский ква-ква...сок! Отец Власий благословил попотчевать вас.

Сам отец квасник подносит нам деревянный ковшик с пенящимся розоватым квасом. Мы выпиваем много, ковшиков пять, не можем нахвалиться: не то малинкой, не то розаном отзывается, и сладкий-сладкий. Горкин низко кланяется отцу кваснику – и отец квасник тоже низко кланяется – и говорит:

– Пили мы надысь в Мытищах у Соломяткина царский квас... каким царя угощали, от старины... хорош квасок! А ваш квас, батюшка... в раю такой квас праведники пить будут... райский прямо!

– Благодарствуйте, очень рады, что понравился наш квасок... – говорит квасник и кланяется низко-низко. – А в раю, Господь кому приведет, Господень квасок пить будут... пиво новое – радость вкушать Господню, от лицезрения Его. А квасы здесь останутся.

Федя несет тяжелую корзину с просфорами, скрипит корзина.

Катим в Вифанию на тройке, коляска звенит-гремит Горкин с Домной Панферовной на главном месте, я у них на коленях, на передней скамеечке Антипушка с Анютой, а Федя с извозчиком на козлах. Едем в березах, кругом благодать Господня – богатые луга с цветами, такие-то крупные ромашки и колокольчики! Просим извощика остановиться, надо нарвать цветочков. Он говорит: «Ну, что ж, можно дитев потешить», – и припускает к траве лошадок:

– И лошадок повеселим. Сено тут преподобное, с него, каждая лошадка крепнет... монахи как бы не увидали только!

Все радуются: трава-то какая сильная. И цветы по особенному пахнут. Я нюхаю цветочки – священным пахнут.

В Вифанском монастыре, в церкви, – гора Фавор! Стоит вместо иконостаса, а на ней – Преображение Господне. Всходим по лесенке и смотрим: пасутся игрушечные овечки, течет голубой ручеек в камушках, зайчик сидит во мху, тоже игрушечный, на кусточках ягоды и розы... – такое чудо! А в горе – Лазарев гроб-пещера Смотрим гроб Преподобного, из сосны, – Горкин признал по дереву. Монах говорит:

– Не грызите смотрите! Потому и в укрытии содержим, а то бы начисто источили.

И открывает дверцу, за которой я вижу гроб.

– А приложиться можно, зубами не трожьте только!

Горкин наклоняет меня и шепчет:

– Зубками поточи маленько... не бойся, Угодник с тебя не взыщет.

Но я боюсь, стукаюсь только зубками. Домна Панферовна после и говорит:

– Прости, батюшка Преподобный Сергий… угрызла, с занозцу будет.

И показывает в платочке, так, с занозцу. И Горкин тоже хотел угрызть, да нечем, зубы шатаются. Обещала ему Домна Панферовна половинку дать, в крестик вправить. Горкин благодарит, и обещается отказать мне святыньку, когда помрет.

Едем прудами, по плотине на пещерки к Черниговской – благословиться у батюшки Зарнавы, Горкин и говорит:

– Сказал я батюшке, больно ты мастер молитвы петь Может, пропеть скажет… получше пропой смотри А мне и без того страшно – увидеть святого человека! Все думаю: душеньку мою чует, все-то грехи узнает.

Тишина святая, кукушку слышно. Анюта жмется и шепчет мне:

– Семитку со свечек утаила у бабушки… он-то узнает ну-ка?

Я говорю Анюте:

– Узнает беспременно, святой человек… отдай лучше бабушке, от греха.

Она вынимает из кармашка комочек моха – сорвала на горе Фаворе! – подсолнушки и ясную в них семитку и сует бабушке, когда мы слезаем у пещерок; губы у ней дрожат, и она говорит чуть слышно:

– Вот… смотрю – семитка от свечек замоталась…

Домна Панферовна – шлеп ее!

– Знаю, как замоталась!.. скажу вот батюшке, он те!..

И такой на нас страх напал!..

Монах водит нас по пещеркам, светит жгутом свечей. Ничего любопытного, сырые одни стены из кирпича, и не до этого мне, все думаю: душеньку мою чует, все-то грехи узнает! Потом мы служим молебен Черниговской в подземельной церкви, но я не могу молиться – все думаю, как я пойду к святому человеку. Выходим из-под земли, так и слепит от солнца.

У серого домика на дворе полным-то полно народу. Говорят – выходил батюшка Варнава, больше и не покажется, притомился. Показывают под дерево:

— Вон болящий, болезнь его положил батюшка в карман, через годок, сказал, здоровый будет!

А это наш паренек, расслабный, сидит на своей каталке и образок целует! Старуха нам говорит:

— Уж как же я вам, родимые мои, рада! Радость-то у нас какая, скажу-то вам… Ласковый какой, спросил — откулешные вы? Присел на возилочку к сыночку, по ножкам погладил, пожалел: «Земляки мы, сынок… ты, мол, орловский, а я, мол, туляк». Будто и земляки мы. Благословил Угодничком… «Я, — говорит, — сыночек, болесть-то твою в карман себе положу и унесу, а ты придешь через годок к нам на своих ноженьках!» Истинный Бог… — «на своих, мол, ноженьках придешь», — сказал-то. Так обрадовал — осветил… как солнышко Господне.

Все говорят: «Так и будет, парень-то, гляди-ка, повеселел как!» А Миша образок целует и все говорит: «Приду на своих ногах!» Ему говорят:

— А вестимо придешь, доброе-то слово лучше мягкого пирога!

Кругом разговор про батюшку Варнаву: сколько народу утешает, всякого-то в душу примет, обнадежит… хоть самый-то распропащий к нему приди.

— А вчера, — рассказывает нам баба, — молодку-то как обрадовал. Ребеночка заспала, первенького… и помутилось у ней, полоумная будто стала. Пала ему в ножки со старушкой, а он и не спросил ничего, все уж его душеньке известно. Стал утешать: «А, бойкоглазая какая, а плачешь! На, дочка, крестик, окрести его!» А они и понять не поймут, кого — его?! А он им опять то ж: «Окрести новенького-то, и приходите ко мне через годок, все вместе». Тут-то они и поняли… радостные пошли.

И мы рады: ведь это молодка с бусинками, Параша, земляничку ей Федя набирал!

А батюшка не выходит и не выходит. Ждали мы, ждали — выходит монашек и говорит:

— Батюшка Варнава по делу отъезжает, монастырь далекий устроят… нонче не выйдет больше, не трудитесь, не ждите уж.

Стали мы горевать. Горкин поахал-поахал…

– Что ж делать, – говорит, – не привел Господь благословиться тебе, косатик... – мне-то сказал.

И стало мне грустно-грустно. И радостно немножко – страшного-то не будет. Идем к воротам и слышим – зовет нас кто-то:

– Московские, постойте!

Горкин и говорит: «А ведь это батюшка нас кличет!» Бежим к нему, а он и говорит Горкину:

– А, голубь сизокрылый... благословляю вас, московские.

Ну прямо на наше слово: благословиться, мол, не привел Господь. Так мы все удивились! Ласковый такой, и совсем мне его не страшно. Горкин тянет меня за руку на ступеньку и говорит:

– Вот, батюшка родной, младенчик-то... привести-то его сказали.

Батюшка Варнава и говорит, ласково:

– Молитвы поешь... пой, пой.

И кажется мне, что из глаз его светит свет. Вижу его серенькую бородку, острую шапочку – скуфейку, светлое, доброе лицо, подрясник, закапанный густо воском. Мне хорошо от ласки, глаза мои наливаются слезами, и я, не помня себя, трогаю пальцем воск, царапаю ноготком подрясник. Он кладет мне на голову руку и говорит:

– А это... ишь любопытный какой... пчелки со мной молились, слезки их это светлые... – И показывает на восковники. – Звать-то тебя как, милый?

Я не могу сказать, все колупаю капельки. Горкин уж говорит, как звать. Батюшка крестит меня, голову мою, три раза и говорит звонким голосом:

Во имя Отца... и Сына... и Святаго Духа!

Горкин шепчет мне на ухо:

– Ручку-то, ручку-то поцелуй у батюшки.

Я целую бледную батюшкину ручку, и слезы сжимают горло. Вижу – бледная рука шарит в кармане ряски, и слышу торопливый голос:

– А моему... – ласково называет мое имя, – крестик, крестик...

Смотрит и ласково, и как-то грустно в мое лицо и опять торопливо повторяет:

– А моему... крестик, крестик...

И дает мне маленький кипарисовый крестик – благословение. Сквозь невольные слезы – что вызвало их? – вижу я светлое, ласковое лицо, целую крестик, который он прикладывает к моим губам, целую бледную руку, прижимаюсь губами к ней.

Горкин ведет меня, вытирает мне слезы пальцем и говорит радостно и тревожно будто:

– Да что ты, благословил тебя... да хорошо-то как, Господи... а ты плачешь, косатик! на батюшку-то погляди, порадуйся.

Я гляжу через наплывающие слезы, сквозь стеклянные струйки в воздухе, которые растекаются на пленки, лопаются, сквозят, сверкают. Там, где крылечко, ярко сияет солнце, и в нем, как в слепящем свете, – благословляет батюшка Варнава. Я вижу Федю. Батюшка тихо-тихо отстраняет его ладошкой, отмахивается от него как будто, а Федя не уходит, мнется. Слышится звонкий голос:

– И помни, помни! Ишь ты какой... а кто ж, сынок, баранками-то кормить нас будет?..

Федя кланяется и что-то шепчет, только не слышно нам.

– Бог простит, Бог благословит... и Господь с тобой, в миру хорошие-то нужней!..

И кончилось.

Мы собираемся уходить. Домна Панферовна скучная: ничего не сказал ей батюшка, Анюту только погладил по головке. А Антипушке сказал только:

– А, простачок... порадоваться пришел!

Антипушка рад и тоже, как и я, плачет. И все мы рады. И Горкин – опять его батюшка назвал: «голубь мой сизокрылый». А Домну Панферовну не назвал никак, только благословил.

Собираемся уходить – и слышим:

– А, соловьи-певуны, гостинчика принесли!

И видим поодаль – наших, от Казанской, певчих,

васильевских: толстого Ломшакова, Батырина-октаву и Костикова-тенора. Горкин им говорит:

– Что же вы, вас это батюшка, вы у нас певуны-то-соловьи!

А батюшка их манит. Они жмутся, потрогивают себя у горла, по привычке, и не подходят. А он и говорит им:

– Угостили вчера меня гостинчиком… вечерком-то! У пруда-то, из скиту я шел?.. Господа благословляли-пели. А теперь и деток моих гостинчиком накормите… ишь их у меня сколько!

И рукой на народ так, на крылечке даже повернулся, – полон-то двор народу. Тут Ломшаков и говорит, рычит словно:

– Го…споди!.. Не знали, батюшка… пели мы вчера у пруда… так это вы шли по бережку и приостановились под березкой!..

А батюшка и говорит, ласково так – с улыбкой:

– Хорошо славили. Прославьте и деткам моим на радость.

И вот они подходят, робко, прокашливаются, крестятся на небо и начинают. Так они никогда не пели – Горкин потом рассказывал: «Ангели так поют на небеси!» Они поют молитву-благословение, хорошо мне знакомую молитву, которая зачинает всенощную:

Благослови, душе моя, Господа,
Господи Боже мой, возвеличился еси зело,
Вся премудростию сотворил еси…

Подходят благословиться. Батюшка благословляет их, каждого. Они отходят и утираются красными платками. Батюшка благословляет с крылечка всех, широким благословением, и уходит в домик. Ломшаков сидит на траве, обмахивается платком и говорит-хрипит:

– Не достоин я, пьяница я… и такая радость!..

Мне его почему-то жалко. И Горкин его жалеет:

– Не расстраивайся, косатик… одному Господу известно, кто достоин. Ах, Сеня, Сеня… да как же вы пели, братики!..

Ломшаков дышит тяжело, со свистом, все потирает грудь. Говорит, будто его кто душит:

– Отпе-то… больше так не споем.

Лицо у него желтое, запухшее. Говорят, долго ему не протянуть.

Сегодня последний день, после обеда тронемся.

Ранним утром идем прикладываться к мощам – прощаться. Свежо по заре, солнце только что подымается, хрипло кричат грачи. От невидного еще солнца Лавра весело золотится и нежно розовеет, кажется новенькой, в новеньких золотых крестах. Розовато блестят на ней мокрые от росы кровли. В Святых Воротах совсем еще пустынно, гулко; гремя ключами, румяный монах отпирает святую лавочку. От росистого цветника тянет душистой свежестью – петуньями, резедой, землей. Небо над Лаврой – святое, голубое. Носятся в нем стрижи, взвизгивают от радости. И нам всем радостно, денек-то послал Господь! Только немного скучно: сегодня домой идти.

После ранней обедни прикладываемся к мощам, просим благословения Преподобного, ставим свечу дорожную. Пригробный иеромонах все так же стоит у возглавия, словно и никогда не сходит. Идет и идет народ, поют непрестанные молебны, теплятся негасимые лампады. Грустно выходим из собора, слышим в последний раз:

Преподобный отче Се-ргие,
Моли Бога о на-ас!..

А теперь с Саней проститься надо, к отцу кваснику зайти. Саня сливает квас, носит ушатами куда-то. Ему грустно, что мы уходим, смотрит на нас так жалобно, говорит:

– Ка-ка…ка-васку-то, на до-дорожку!..

И мы смеемся, и Саня улыбается: как ни увидит нас – все кваском хочет угостить. Горкин и говорит:

– Ах ты, косатик ласковый… все кваском угощаешь, совсем заквасились мы.

– Да не-нечем бо-больше… у-у-у-у…го-го-стить-то… – отвечает смиренно Саня.

Федя нам шепчет, что Саня такой обет положил: на одном

хлебце да на кваску живет, и весь Петров пост так будет. Горкин говорит – надо уж сделать уважение, попить кваску на дорожку. Мы садимся на лавку в квасной палате. Пахнет прохладно мяткой и молодым, сладковатым квасом. Выпиваем по ковшичку натощак. Отец квасник говорит, что это для здоровья пользительно – молодой квасок натощак – и спрашивает нас, благословились ли хлебцем на дорожку. Мы ему говорим, что как раз сейчас и пойдем благословиться хлебцем.

– Вот и хорошо, – говорит квасник, – благословитесь хлебцем, для здоровья, так всегда полагается.

Сане с нами Нельзя: квас сливать, четыре огромных кади. Он нас провожает до порожка, показывает на хлебную. Мы уже дорогу знаем, да можно найти по духу, и всегда там народ толпится – благословиться хлебцем.

Отец хлебник, уже знакомый нам, проводит нас в низкую длинную палату. От хлебного духа будто кружится голова, и хочется тепленького хлеба. По стенам, на полках, тянутся бурые ковриги – не сосчитать. В двери видно еще палату, с великими квашнями-кадями, с вздувшейся доверху опарой. На длинном выскобленном столе лежат рядами горячие ковриги-плашки с темною сверху коркой – простывают. Воздух густой, тягучий, хлебно-квасной и теплый. Горкин потягивает носом и говорит:

– Го-споди, хлебушко-то святой-насучный… с духу одного сыт будешь!

И мне так кажется: дух-то какой-то… сытный. Отец хлебник, высокий старик, весь в белом, с вымазанными в муке руками, ласково говорит:

– Как же, как же… благословитесь хлебцем. Преподобный всех провождает хлебцем, отказа никому нет.

Здоровые молодцы-послушники режут ковригу за ковригой, отхватывают ломтями, ровно. Горкин радуется работке:

– Отхватывают-то как чисто, один в один!

Ломти укладывают в корзину, уносят к двери и раздают чинно богомольцам. И здесь я вижу знакомую картинку:

143

Преподобный Сергий подает толстому медведю хлебец. Отец хлебник починает для нас ковригу и говорит:

– Примите благословение обители Преподобного на дорожку, для укрепления.

И раздает по ломтю. Мы кланяемся низко – Горкин велит мне кланяться пониже – и принимаем, сложив ладошки. Домна Панферовна просит еще добавить. Отец хлебник глядит на нее и говорит шутливо:

– Правда, матушка... кому так, а тебе и два пая мало.

И еще добавил. Вышли мы, Горкин ей попенял: нехорошо, не для жадности, а для благословения положено, нельзя нахрапом. Ну, она оправдалась: не для себя просила, а знакомые наказали, освятиться. Так мы монаху и сказали. Горкин потом вернулся и доложил. Доволен монах остался.

Выходим из палаты – богомольцы и богомольцы, чинно идут за дружкой, принимают «благословение хлебное». И все говорят:

– И про всех хватает, и Господь подает!..

Даже смотреть приятно: идут и идут все с хлебцем; одни обертывают ломти в чистую холстинку, другие тут же, на камушках, вкушают Мы складываем благословение в особую корзинку с крышечкой, Горкин купил нарочно: в пути будем вкушать кусочками, а половинку домой снесем – гостинчик от Преподобного добрым людям. Опускаем посильную лепту в кружку, на которой написано по-церковному: «На пропитание странным» И другие за нами опускали – бедные и прокормятся. Вкусили по кусочку, и стало весело – будто Преподобный нас угостил гостинчиком. И веселые мы пошли.

Из Лавры идем к маленькому Аксенову, к сундучнику, у овражка.

Он нам ужасно рад, не знает, куда нас и посадить, расспрашивает о Трифоныче, угощает чайком и пышками. Показывает потом все обзаведение – мастерскую, где всякие сундучки – и большие, и маленькие. Сундучки – со всякими звонками: запрешь, отопрешь – дринь-дрон! Обиты блестящей жестью, и золотой, и серебряной, с морозцем, с отделкой в луженую полоску, оклеены изнутри розовой бумагой – под

Троицу – и называются – троицкими. Таких будто больше нигде не делают. Аксенов всем нам дарит по сундучку, мне – особенный, золотой, с морозцем. Мы стесняемся принимать такие богатые подарки, говорим – чем же мы отдарим, помилуйте… А он руками на нас.

– Да уж вы меня отдарили лаской, в гости ко мне зашли!

Правду Трифоныч. говорил: нарадоваться на него не могли, какой од ласковый оказался, родней родного.

Расспрашивает про Трифоныча и про Федосью Федоровну, супругу Трифоныча, – здоровы ли и хорошо ли идет торговля. Говорим, что здоровы и торговля ничего идет, хорошо, да вот дело какое вышло. Поставила намедни Федосья Федоровна самовар в сенях, и зашумел самовар, Федосья Федоровна слышала… пошла самовар-то взять, а его жулики унесли, с огнем! Она и затосковала: не к добру это, помереть кому-то из семейства, – такое бывало, примечали. К Успеньеву дню к Троице собираются. Аксенов говорит, что все от Бога… бывает, что и знак посылается, на случай смерти.

– Ну, у них хороший молитвенник есть, Саня… – говорит, – им беспокоиться нечего, и хорошие они люди, на редкость правильные.

Узнает, почему не у него остановились Горкин просит его не обижаться.

– Помилуйте, какая же обида… – говорит Аксенов, – сам Преподобный к Никодиму-то вас привел! И достославный он человек, не мне чета.

Просит снести поклончик Трифонычу и зовет в другой раз к себе:

– Теперь уж найдете сразу маленького Аксенова.

Потом ходим в игрушечном ряду, у стен, под Лаврой Глаза разбегаются – смотреть.

Игрушечное самое гнездо у Троицы, от Преподобного повелось: и тогда с ребятенками стекались. Большим – от святого радость, а несмысленным – игрушечка: каждому своя радость.

Всякое тут деревянное точенье: коровки и овечки, вырезные лесочки и избушки, и кующие кузнецы, и кубарики, и медведь с мужиком, и точеные яйца, дюжина в одном: все разноцветные, вложенные друг в дружку, с красной горошинкой в последней – не больше кедрового орешка. И крылатые мельнички-вертушки, и волчки-пузанки из дерева, на высокой ножке; и волчки заводные, на пружинке, с головкой-винтиком, раскрашенные Вод радугу, поющие; и свистульки, и оловянные петушки, и дудочки жестяные, розанами расписанные, царапающие закраинками губы; и барабанчики в золоченой жести, радостно пахнущие клеем и крепкой краской, и всякие лошадки, и тележки, и куколки, и саночки лубяные, и… И сама Лавра-Троица, высокая розовая колокольня, со всеми церквами, стенами, башнями, – разборная И вырезные закуски на тарелках; кукольные, с пятак, сочно блестят, пахнут чудесной краской: и спелая клубника, и пупырчатая малинка, совсем живая; и красная, в зелени, морковка, и зеленые огурцы; и раки, и икорка зернистая, и семужий хвост, и румяный калач, и арбуз алый-сахарный, с черными зернышками на взрезе, и кулебяка, и блины стопочкой, в сметане. Тут и точеные шкатулки, с прокладкой из уголков и крестиков, с подпалами и со слезой морскою, называемой – перламут; и корзиночки, И корзины – на всякую потребу. И веселые палатки с сундучками, блистающие, как ризы в церкви И образа, образа, образа – такое небесное сиянье! – на всякого Святого. И все, что ни вижу я, кажется мне святым.

– А как же, – говорит Горкин, – просвящённо все туг, благословлено. То стояли боры-дрема, а теперь-то, гляди, – блистанье! И радуется народ, и кормится. Все Господь.

Покупаем самые пустяки: оловянного петушка-свистульку, свистульку-кнутик, губную гармошку и звонницу с монашком, на полный звон, от Горкина мне на память; да Анюте куколку без головки, тулово набито сенной трухой, чтобы ей шить учиться, – головка в Москве имеется. А мне потому мало покупают, что сказала сегодня барышня Манюша, чтобы не покупать: дедушка целый короб игрушек даст, приказал молодцам набрать.

Встречаем и наших певчих, игрушки детишкам покупают.

У Ломшакова – пушка, стрелять горохом, а у Батырина-октавы – зайчик из бумазеи, в травке. Костиков пустой только, у него ребятишек нет, не обзавелся, все думает. Ломшаков жалуется на грудь: душит и душит вот, после вчерашнего спать не мог. Поедут отсюда по машине – к Боголюбской в Москву спешат: петь надо, порядились.

Сходим по лесенке в овражек, заходим в «блинные» Смотрим по всем палаткам: везде-то едят-едят, чад облаками ходит. Стряпухи зазывают:

– Блинков-то, милые!.. Троицкие-заварные, на постном маслице!..

– Щец не покушаете ли с головизной, с сомовинкой?..

– Снеточков жареных, господа хорошие, с лучком пожарю… за три копейки сковородка! Пирожков с кашей, с грибками прикажите!..

– А карасиков-то не покушаете? Соляночка грибная, и с севрюжкой, и с белужкой… белужины с хренком, горячей?!.. И сидеть мягко, понежьтесь после трудов-то, поманежьтесь, милые… и квасок самый монастырский!.

Едим блинки со снеточками, и с лучком, и кашнички заварные, совсем сквозные, видно, как каша пузырится Пробуем и карасиков, и грибки, и – Антипушка упросил уважить – редечку с конопляным маслом, на заедку. Домна Панферовна целую сковородку лисичек съела, а мы другую. И еще бы чего поели, да Аксенов обидится, обед на отход готовит. Анюта большую рыбину там видала, и из соленого судака ботвинья будет – Савка нам говорил, – и картофельные котлеты со гладким соусом, с черносливом и шепталой, и пирог с изюмом, на горчичном масле, и кисель клюквенный, и что-то еще… – загодя наедаться неуважительно.

Во всех палатках и под навесами плещут на сковородки душистую блинную опару – шипит-скворчит! – подмазывают «кошачьей лапкой», – Домна Панферовна смеется. А кто говорит – что заячьей. А нам перышками подмазывали, Горкин доглядывал, а то заячьей лапкой – грех. И блинные будто от Преподобного повелись: стечение большое, надо народ кормить-то. Глядим – и певчие наши тут: щи с головизной

147

хвалят и пироги с солеными груздями. Завидели нас – и накрыли бумажкой что-то. Горкин тут и сказал:

– Эх, Ломшачок… не жалеешь ты себя, братец!

И Домна Панферовна повздыхала:

– И во что только наливаются… диви бы какое горе, а то кондрашке одному на радость.

Ну, пожалели-потужили, да тужилом-то не поможешь, только себя расстроишь.

Тележка наша готова, помахивает хвостом Кривая. Короб с игрушками весело стоит на сене, корзина с просфорами увязана в чистую простыньку. Все провожают нас, желают нам доброго пути, Горкин подносит Аксенову большую просфору, за полтинник, и покорно благодарит за ласку и за хлеб-соль: «Оченно вами благодарны!» Аксенов тоже благодарит, что радость ему привезли такую: не ждал – не гадал.

– Ну, путь вам добрый, милые… – говорит он, оглядывая тележку, приведет Бог, опять заезжайте, всегда вам рад. Василий на ярмарку поедет скоро, буду в Москве с ним, к Сергею Ивановичу побываю, так и скажите хозяину. Ну, вот и хорошо, надо принять во внимание… овсеца положили вам и сенца… отдохнула ваша лошадка.

И все любуется на тележку, поглаживает по грядке.

– Да, – говорит он задумчиво, – надо принять во внимание… да, тележка… таких уж не будет больше. Отворяй ворота! – кричит он дворнику, натягивает картуз и уходит в дом.

– Расстроился… – говорит нам Горкин, шепотом, чтобы не слыхали. – Ну, Господи, благослови, пошли.

Мы крестимся. Все желают нам доброго пути. Из-за двора смотрит на нас розовая колокольня-Троица. Молча выходим за ворота.

– Крестись на Троицу, – говорит мне Горкин, – когда-то еще увидим!..

Видно всю Лавру-Троицу: светит на нас крестами. Мы крестимся на синие купола, на подымающийся из чаши крест:

Пресвятая Троица, помилуй нас!

Вот и тихие улочки Посада, и колокольня смотрит из-за садов. Вот и ее не видно. Выезжаем на белую дорогу. Навстречу – богомольцы, идут на радость. А мы отрадовались – и скучно нам. Оглядываемся, не видно ли. Нет, не видно. А вот и перелески с лужайками, и тропки. Мягко потукивает тележка, попыливает за ней. А вот и место, откуда видно – между лесочками. Видно между лесочками, позади, в самом конце дороги: стоит колокольня-Троица, золотая верхушка только, будто в лесу игрушка. Прощай!..

– Вот мы и помолились, привел Господь… благодати сподобились…говорит Горкин молитвенно. – Будто теперь и скушно, без Преподобного… а он, батюшка, незримый с нами. Скушно и тебе, милый, а? Ну, ничего, касатик, обойдется… А мы молитовкой подгоняться станем, батюшка-то сказал, Варнава… нам и не будет скушно. Зачни-ка тропарек, Федя, – «Стопы моя направи», душе помягче.

Федя нетвердо зачинает, и все поем:

Стопы моя направи по словеси Твоему,
И да не облада-ет мно-о-ю-у…
Вся-ко-е… безза-ко-ни-и-е-э!..

Потукивает тележка. Мы тихо идем за ней.

Июнь 1930 – декабрь 1931
Париж – Копбретон